Sandra Sommer

10-Minuten-Rätsel und -Spiele

RELIGION

Klasse 3/4

Lehrplaninhalte abwechslungsreich einleiten, wiederholen und festigen

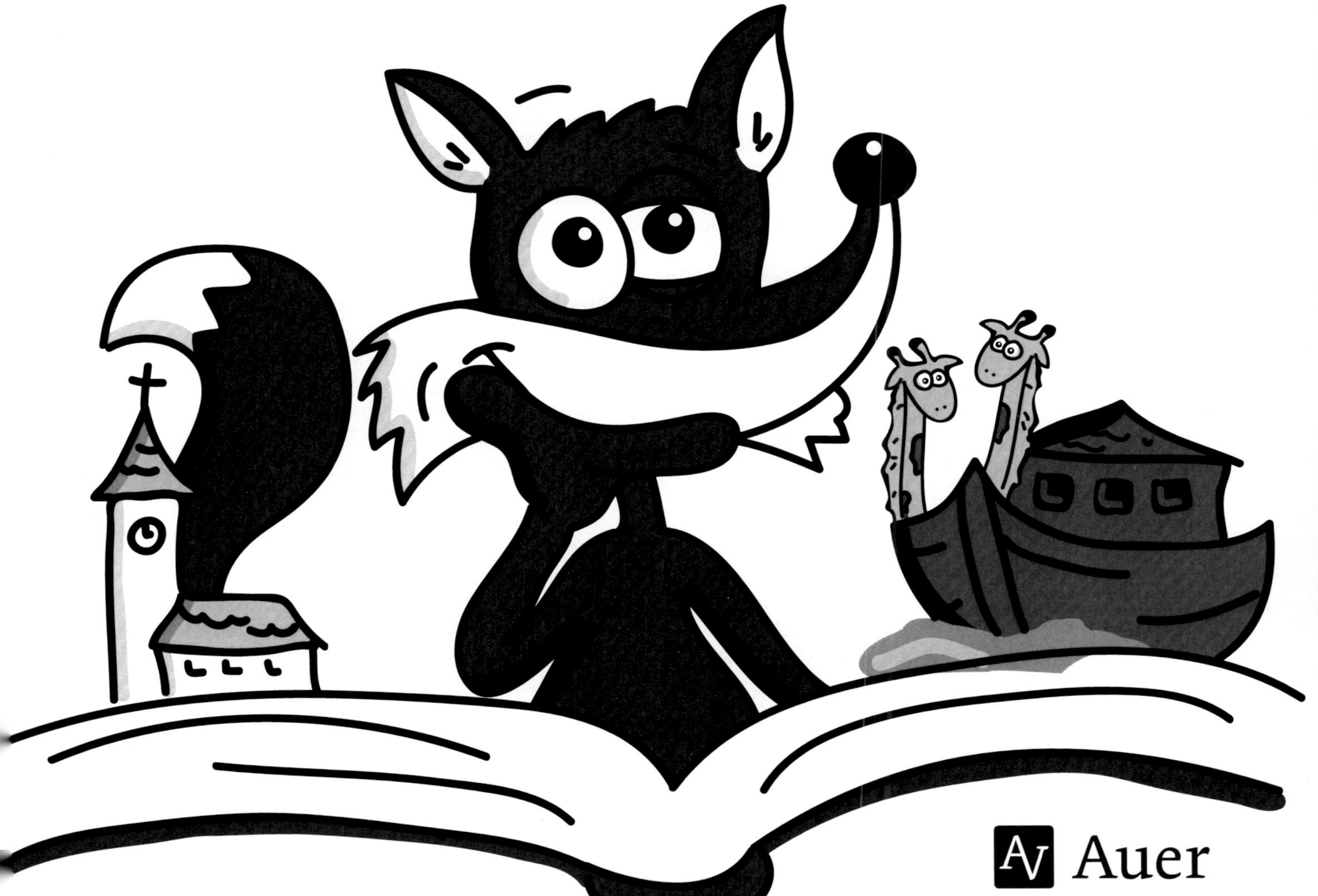

Auer

4. Auflage 2022
© 2011 Auer Verlag, Augsburg
AAP Lehrerwelt GmbH
Alle Rechte vorbehalten.

Das Werk als Ganzes sowie in seinen Teilen unterliegt dem deutschen Urheberrecht. Der*die Erwerber*in der Einzellizenz ist berechtigt, das Werk als Ganzes oder in seinen Teilen für den eigenen Gebrauch und den Einsatz im eigenen Präsenz- oder Distanzunterricht zu nutzen.
Produkte, die aufgrund ihres Bestimmungszweckes zur Vervielfältigung und Weitergabe zu Unterrichtszwecken gedacht sind (insbesondere Kopiervorlagen und Arbeitsblätter), dürfen zu Unterrichtszwecken vervielfältigt und weitergegeben werden.
Die Nutzung ist nur für den genannten Zweck gestattet, nicht jedoch für einen schulweiten Einsatz und Gebrauch, für die Weiterleitung an Dritte einschließlich weiterer Lehrkräfte, für die Veröffentlichung im Internet oder in (Schul-)Intranets oder einen weiteren kommerziellen Gebrauch.
Mit dem Kauf einer Schullizenz ist die Schule berechtigt, die Inhalte durch alle Lehrkräfte des Kollegiums der erwerbenden Schule sowie durch die Schüler*innen der Schule und deren Eltern zu nutzen.
Nicht erlaubt ist die Weiterleitung der Inhalte an Lehrkräfte, Schüler*innen, Eltern, andere Personen, soziale Netzwerke, Downloaddienste oder Ähnliches außerhalb der eigenen Schule.
Eine über den genannten Zweck hinausgehende Nutzung bedarf in jedem Fall der vorherigen schriftlichen Zustimmung des Verlags.

Sind Internetadressen in diesem Werk angegeben, wurden diese vom Verlag sorgfältig geprüft. Da wir auf die externen Seiten weder inhaltliche noch gestalterische Einflussmöglichkeiten haben, können wir nicht garantieren, dass die Inhalte zu einem späteren Zeitpunkt noch dieselben sind wie zum Zeitpunkt der Drucklegung. Der Auer Verlag übernimmt deshalb keine Gewähr für die Aktualität und den Inhalt dieser Internetseiten oder solcher, die mit ihnen verlinkt sind, und schließt jegliche Haftung aus.

Autor*innen: Sandra Sommer
Illustrationen: Bettina Weyland
Satz: Fotosatz H. Buck, Kumhausen
Druck und Bindung: Esser printSolutions GmbH
ISBN 978-3-403-**06707**-8
www.auer-verlag.de

Inhalt

Vorwort

In diesem Band finden Sie zahlreiche Anregungen für einen spannenden Religionsunterricht.
Die Unterrichtsvorschläge orientieren sich an wichtigen Themen der Lehrpläne. Die Materialien sind spielerisch, abwechslungsreich und motivierend angelegt. Ziel dabei ist es, den Schülerinnen und Schülern einen handlungsorientierten Zugang zu den Themen des Religionsunterrichts zu ermöglichen. Der Religionsunterricht wird auf diese Weise zu einem positiven Lernerlebnis.
Die Umsetzung der Ideen dauert jeweils ca. zehn Minuten. Sie können die Unterrichtsvorschläge als motivierenden Stundeneinstieg nutzen, zum Beenden einer Stunde oder einfach zwischendurch. Da die Unterrichtsvorschläge keine umfangreiche Vorbereitung erfordern, können Sie sie auch recht spontan in Ihren Unterricht integrieren.
Viele der Unterrichtsvorschläge sind als Kopiervorlage gestaltet, sodass die Spiele und Rätsel direkt an die Schülerhand gegeben werden können. Diese Vorlagen erkennen Sie an **KV** in der Fußzeile.

Viel Freude beim Rätseln und Spielen wünscht Ihnen

Sandra Sommer

Materialaufstellung und Hinweise

EA = Einzelarbeit, PA = Partnerarbeit, GA = Gruppenarbeit, PL = Plenum

Das Buch der Bücher

Seite	Thema	Arbeitsform	Material	Hinweise
8	Bibelstellenrätsel	EA	Bibel	Es sollte für jeden Schüler eine Bibel (Einheitsübersetzung) zur Verfügung stehen. Sollte eine Kinderbibel oder eine andere Ausgabe verwendet werden, müssen die Bibelstellen angepasst werden.
9	Bibelwalking	EA an Stationen	Bibelstellen, Walking-Karten	Bibelstellen müssen kopiert, nummeriert und im Klassenraum ausgelegt oder aufgehängt werden.
10	Bibelspiele	PL PL		Die Namen der Bücher der Bibel sollten vorliegen. Bibelstellen, die vorgelesen werden können, sollten vorliegen.
11	Biblische Orte gesucht	EA	Bibel	
12	Gleichnisse	EA	Buntstifte	
15	Psalm 23: Puzzle Psalm 23: Suchsel	EA EA	Schere, Kleber, Blatt oder Heft, Buntstifte	

Zusammenleben ermöglichen

Seite	Thema	Arbeitsform	Material	Hinweise
17	Die 10 Gebote	EA		
18	Gebote-Quiz	EA		
20	Mein Name und ich: Eigenschaften Mein Name und ich: Namensspiel	EA PL	Schachtel zum Einsammeln Bettlaken	
22	Blindes Schreiben	PA	Blatt, Stift, evtl. Augenbinde	Je nach Leistungsstärke der Schüler sollten hier eventuell Wortkarten mit thematisch passenden Wörtern vorbereitet werden.
23	Einzelgänger-Spiel	PL		
24	Die Insel	PL	alte Zeitungen	

Menschen begegnen Gott

Seite	Thema	Arbeitsform	Material	Hinweise
25	Apostel	EA		
27	Namen-Memory®	PA	rote Pappe, blaue Pappe, Schere, Kleber	
28	Geheimschrift	EA		
29	Franz-von-Assisi-Domino	EA	Schere	Die Dominokarten sollten auf festeres Papier kopiert werden. Das Domino kann anschließend auch in kleinen Gruppen gespielt werden.
30	Zachäus: Rollenspiel	GA		
31	Wer bin ich?	PA oder GA	„Wer-bin-ich"-Karten	Am besten die Karten in entsprechender Anzahl der Gruppen ausschneiden und laminieren.

Christen feiern Feste

Seite	Thema	Arbeitsform	Material	Hinweise
33	Fastenzeit	PL	Zettel, Schachtel zum Einsammeln	
35	Ostern	PL	für jedes Kind zwei kleine Steine für das Steinspiel	
37	Pfingsten: Memory® Pfingsten: Lückentext	PA EA	Schere Bibel (Einheitsübersetzung)	Die Memory®-Karten sollten auf festeres Papier kopiert werden.
39	Erntedank-Spiele	GA/PL	diverse Früchte, ggf. Kärtchen für fehlende Buchstaben, Augenbinde, mehrere Sammelgefäße und Löffel	Die benötigten Früchte können zuvor besprochen und von den Schülern mitgebracht werden. Anschließend sollten sie auf jeden Fall gemeinsam zubereitet und gegessen werden.
43	Adventszeit: Rätsel Adventszeit: Kartenspiel	EA PA/GA	Geschenkpapier, Kartenvorlage in entsprechender Anzahl kopieren	Die Karten sollten auf festeres Papier kopiert werden.
46	Weihnachten: Activity®	PL	Activity®-Karten	Die Activity®-Karten müssen zuvor ausgeschnitten und laminiert werden.

Gemeinsamer Glaube

Seite	Thema	Arbeitsform	Material	Hinweise
50	Das Vaterunser	EA	Schere, Kleber Blatt Papier, Stifte, ein kleines Stück Brot für jedes Kind, einen kleinen Zettel	
52	Das Glaubensbekenntnis	EA		Hier sollte auf die je nach Konfession unterschiedliche Zeile (die heilige katholische/christliche Kirche) hingewiesen werden.
53	Würfelspiel	PA/GA	Würfel und Spielsteine	
54	Wissensquiz	PL		Es sollten entsprechende Fragen vorbereitet werden.
55	Unser Glaube: TABU®	GA oder PL	TABU®-Karten	Die TABU®-Karten zuvor ausschneiden und laminieren.
57	Zusammenhalt	PL	Teppichfliesen, Musik	

Andere Glaubensrichtungen

Seite	Thema	Arbeitsform	Material	Hinweise
59	Bilderrätsel	EA	Buntstifte	
60	Judentum: Memory®	PA	Schere	Die Memory®-Karten sollten auf festeres Papier kopiert werden.
61	Islam-Bingo	PL	Bingo-Karten, Muggelsteine zum Darauflegen	Die Karten sollten laminiert oder auf festes Papier kopiert werden. Mit den Blanko-Karten können weitere Binge-Karten hergestellt werden.
63	Purzelwörter	EA		
64	Religionenlauf	PL	Karten mit der Beschriftung „Judentum“, „Christentum“, „Islam“	Aussagen für das Spiel müssen dem Lernstand der Schüler entsprechend vorbereitet werden.
65	Die Weltreligionen: Suchsel	EA		

1	**Bibelstellenrätsel**	

Aufgabe: Suche die Bibelstellen und schreibe die Wörter auf.
Wenn du alle Wörter gefunden hast, ergeben sie einen Lösungssatz.

Bibelstellen:

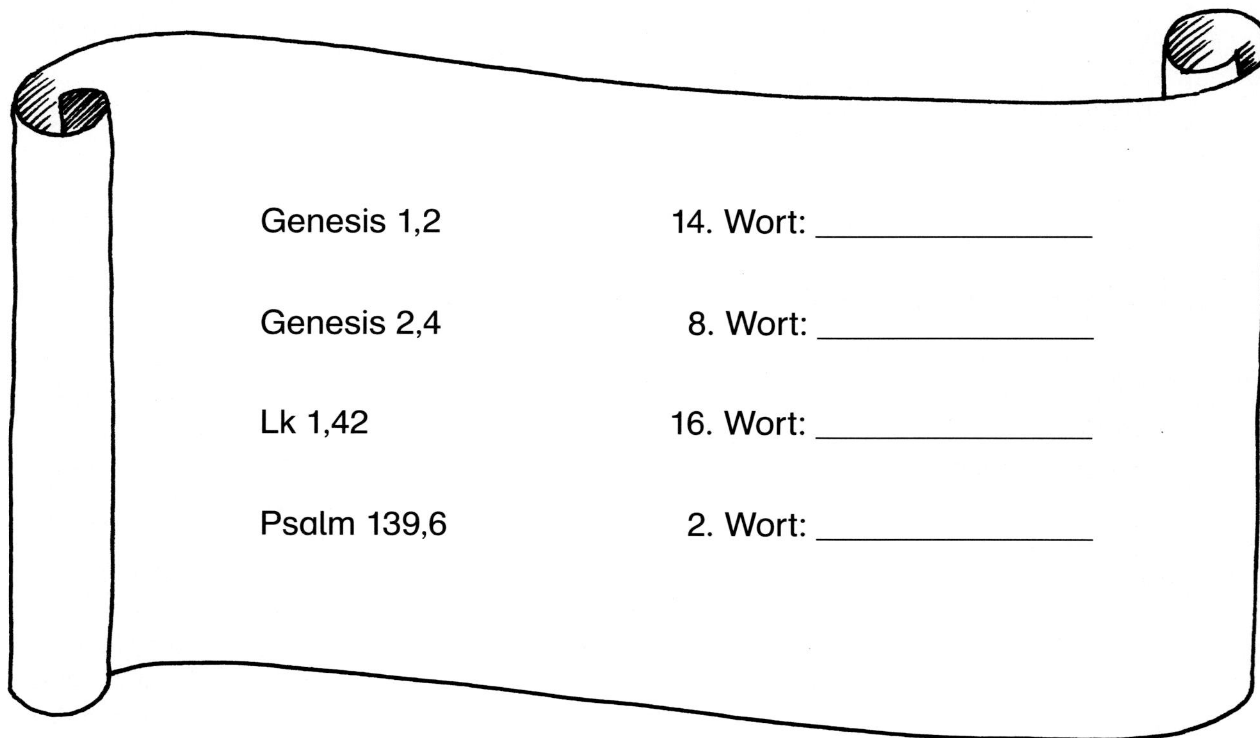

Genesis 1,2	14. Wort: ________________
Genesis 2,4	8. Wort: ________________
Lk 1,42	16. Wort: ________________
Psalm 139,6	2. Wort: ________________

Hast du den Lösungssatz gefunden? Super, dann trage ihn hier ein:

____!

Sandra Sommer: 10-Minuten-Rätsel und -Spiele Religion – 3./4. Klasse
© Auer Verlag

KV

2	Bibelwalking

Anleitung: Den Schülern bekannte Bibelstellen werden kopiert, durchnummeriert und im Klassenraum ausgelegt. Die Schüler erhalten Walking-Karten und einen Stift. Sie „walken“ nun von Textstelle zu Textstelle und versuchen, sie auf ihren Walkingkarten entweder dem Alten oder dem Neuen Testament zuzuordnen. Die Schüler tragen die Nummer der Textstelle in der jeweiligen Spalte ein. Wer seine Karte zuerst vollständig und richtig ausgefüllt hat, gewinnt.

Beispiel-Karte:

Walking-Karte

Name: Lilli

Altes Testament	Neues Testament
2	9
4	5
1	

Blanko-Karte:

Walking-Karte

Name: ____________________

Altes Testament	Neues Testament

Sandra Sommer: 10-Minuten-Rätsel und -Spiele Religion – 3./4. Klasse
© Auer Verlag

3	Bibelspiele	

Spielidee „Testamente erwischen“

Anleitung: Die Schüler bilden zwei Gruppen. Diese stehen sich an Tischen gegenüber. Eine Seite bildet die „Gruppe des Alten Testaments“, die andere die „Gruppe des Neuen Testaments“. Alle legen ihre Hände flach auf den Tisch. Die Lehrkraft nennt nun Bücher aus den Testamenten. Handelt es sich um ein Buch aus dem AT, so versuchen die Schüler der AT-Gruppe, die Hände des gegenüberstehenden Spielers aus der NT-Gruppe zu erwischen. Handelt es sich um ein Buch aus dem NT, so versuchen die Schüler der NT-Gruppe, die Hände des gegenüberstehenden Spielers aus der AT-Gruppe zu erwischen. Die Gruppe, die die meisten Treffer erzielt hat, ist Sieger.

Spielidee „Stoppgeschichte“

Anleitung: Die Lehrkraft erzählt eine bereits im Unterricht behandelte Bibelgeschichte. Die Schüler bewegen sich dazu frei im Raum. Sobald sie einen Fehler in der Geschichte bemerken, bleiben sie sofort stehen.

Das Spiel kann auch in zwei Mannschaften gegeneinander gespielt werden.

Sandra Sommer: 10-Minuten-Rätsel und -Spiele Religion – 3./4. Klasse
© Auer Verlag

4	**Biblische Orte gesucht**	

Aufgabe: Im folgenden Rätsel sind biblische Orte gesucht.
Einige Buchstaben sind vorgegeben. Diese und die angegebenen Bibelstellen sollen dir helfen.

1.

Genesis 35,19

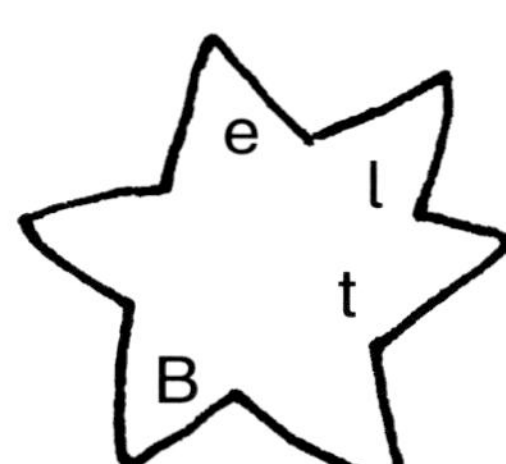

___ ___ ___ ___ ___ ___ ___ ___ ___

2.

Luk. 5,1

___ ___ ___ ___ ___ ___ ___ ___ ___ ___ ___ ___ ___

3.

Genesis 11,9

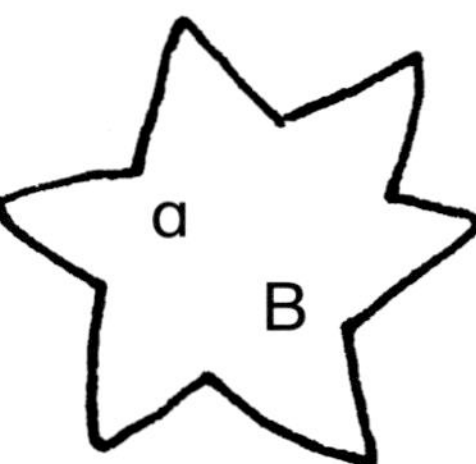

___ ___ ___ ___ ___

4.

Jos 6,26

___ ___ ___ ___ ___ ___ ___

Sandra Sommer: 10-Minuten-Rätsel und -Spiele Religion – 3./4. Klasse
© Auer Verlag

5	**Gleichnisse: Durcheinander**	

Aufgabe: Unten findest du das Gleichnis vom verlorenen Schaf und das Gleichnis vom törichten Reichen.
Leider sind beide Gleichnisse durcheinandergeraten. Male alle Sätze, die zusammengehören, in derselben Farbe an.

Die Felder eines reichen Mannes ließen eine gute Ernte erwarten. Daher überlegte er, was er mit dem Ertrag machen sollte.

Wenn einer von euch 100 Schafe hat und eins davon verliert, lässt er dann nicht die anderen 99 in der Steppe zurück und geht dem verlorenen nach, bis er es findet?

Schließlich sagte er: „Ich werde meine Scheune abreißen und eine größere Scheune bauen. Da kann ich alles unterbringen und mich ausruhen.

Und wenn er es gefunden hat, nimmt er es voll Freude auf die Schultern und wenn er nach Hause kommt, ruft er seine Freunde und Nachbarn zusammen und sagt zu ihnen:

Ich werde essen und trinken und es mir richtig gut gehen lassen, denn die Vorräte reichen für Jahre.“
Da sprach Gott zu ihm: „Du Narr! In dieser Nacht noch wird dein Leben von dir zurückgefordert.

„Freut euch mit mir; ich habe mein Schaf wiedergefunden, das verloren war.“

Ich sage euch, ebenso wird auch im Himmel mehr Freude herrschen über einen einzigen Sünder, der umkehrt, als über 99 Gerechte, die es nicht nötig haben umzukehren.

Wem wird dann all das gehören, was du angehäuft hast?“ – So geht es jedem, der nur für sich selbst Schätze sammelt, aber vor Gott nicht reich ist.

Sandra Sommer: 10-Minuten-Rätsel und -Spiele Religion – 3./4. Klasse
© Auer Verlag

KV

5	Gleichnisse: Das Gleichnis vom barmherzigen Vater (1)	

Aufgabe: Lies das Gleichnis vom barmherzigen Vater.
Einige Buchstaben fehlen.
Findest du heraus, welche es sind? Dann trage sie unten ein und du erhältst ein Lösungswort.

Ein Mann hatte zwei Söhne.
Der jüngere sagte zu seinem Vater: „Gib mir das Erbteil, das mir zusteht!“
Da teilte der Mann das Vermögen auf. Nach wenigen Tagen packte der Sohn alles zusammen und zog in ein fernes Land. Dort lebte er in Saus und *raus und verschleuderte sein Vermögen.
Als er *lles durchgebracht hatte, kam eine große Hungersnot über das Land und es ging ihm sehr schlecht. Da ging er zu einem Bürger des Landes und drängte sich ihm auf; der schickte ihn aufs Feld zum Schweinehüten. Er hätte ge*n seinen Hunger mit den Futterschoten gestillt, die die Schweine fraßen, aber niemand gab ihm etwas davon.
Da besann er sich und sagte: „Wie viele Tagelöhner meines Vaters haben mehr als genug zu essen und ich ko*me hier um vor Hunger. Ich will zu meinem Vater gehen und zu ihm sagen: Vater, ich habe gegen Gott im *immel und gegen dich gesündigt. Ich bin nicht mehr wert, dein Sohn zu sein; mach mich zu einem deiner Tagelöhner!“ Dann brach er auf und ging zu seinem Vater.
Der sah ihn schon von weitem kommen und er hatte Mitl*id mit ihm. Er lief dem Sohn entgegen, fiel ihm um den Hals und küsste ihn.
Da sagte der Sohn: „Vate*, ich habe gegen Gott im Himmel und gegen dich gesündigt; ich bin nicht mehr wert, dein Sohn zu sein.“ Der Vater aber sagte zu seinen Knechten: „Holt schnell das beste Gewand und *ieht es ihm an, steckt ihm einen Ring an die Hand und zieht ihm die Schuhe an. Bringt das Mastkalb her und schlachtet es, wir wollen ein Festmahl fe*ern. Mein Sohn war tot und lebt wieder; er war verloren und ist wieder*efunden.“

Sandra Sommer: 10-Minuten-Rätsel und -Spiele Religion – 3./4. Klasse
© Auer Verlag

5	Gleichnisse: Das Gleichnis vom barmherzigen Vater (2)	

Und sie begannen, ein fröhliches Fest zu feiern.
Sein älterer Sohn war unterdessen auf dem Feld. Als er heimging und in die Nähe des Hauses kam, hörte er Musi* und Tanz. Da rief er einen der Knechte und fragte, was das zu bedeuten habe. Der Kn*cht antwortete: „Dein Bruder ist gekommen und dein Vater hat das Mastkalb schlachten lassen, weil er ihn heil und gesund wiederbekommen hat.“ Da wurde er zornig und wollte n*cht hineingehen. Sein Vater aber kam heraus und redete ihm gut zu. Doch er erwiderte dem Vater: „So viele Jahre schon diene ich dir und nie habe ich gegen deinen Willen gehandelt, mir aber hast du nie auch nur einen Ziegenbock geschenkt, damit ich mit meinen Freunden ein Festmahl feiern konnte. Kaum aber ist dein Sohn gekommen, da hast du für ihn das Mastkalb geschlachtet.“
Der Vater antwortete ihm: „Mein Kind, du bist immer bei mir und alles, was ich habe, gehört auch dir. Heute aber müssen wir ein Fest feiern und uns freuen, denn dein Bruder war tot und lebt wieder; er war verloren und is* wiedergefunden worden.“

Lösung: ___ ___ ___ ___ ___ ___ ___ ___ ___ ___ ___ ___ ___ ___

Sandra Sommer: 10-Minuten-Rätsel und -Spiele Religion – 3./4. Klasse
© Auer Verlag

6	Psalm 23: Puzzle	

Aufgabe: Schneide das Puzzle an den Linien auseinander. Mische die Teile gut. Versuche, den Psalm dann wieder richtig zusammenzusetzen. Klebe ihn auf ein leeres Blatt Papier. Gestalte einen schönen Rahmen.

Der HERR ist mein Hirte,
mir wird nichts mangeln.
Er weidet mich
auf einer grünen Aue
und führet mich
zum frischen Wasser.
Er erquicket meine Seele.
Er führet mich
auf rechter Straße
um seines Namens willen.
Und ob ich schon wanderte
im finstern Tal,
fürchte ich kein Unglück;
denn du bist bei mir,
dein Stecken und Stab trösten mich.
Du bereitest vor mir einen Tisch
im Angesicht meiner Feinde.
Du salbest mein Haupt mit Öl
und schenkest mir voll ein.
Gutes und Barmherzigkeit
werden mir folgen
mein Leben lang,
und ich werde bleiben
im Hause des
HERRN immerdar.

Sandra Sommer: 10-Minuten-Rätsel und -Spiele Religion – 3./4. Klasse
© Auer Verlag

6	**Psalm 23: Suchsel**

Aufgabe: Finde im Suchsel die Wörter aus dem Psalm 23 und male sie bunt an.

PSALM TAL DAVID HIRTE WASSER
SEELE HERR TISCH BARMHERZIGKEIT STAB

D	H	H	I	R	T	E	U	S	H	S	R	Y	R
I	A	N	N	C	H	I	N	E	E	J	R	Z	I
R	X	V	C	S	P	X	S	E	U	E	Z	E	B
A	M	L	I	H	N	U	K	C	L	A	L	A	Q
W	Q	C	B	D	W	C	T	H	H	E	S	E	P
L	N	L	I	E	Y	R	J	X	E	V	U	L	M
I	F	Q	X	I	G	I	H	V	R	X	I	T	P
Z	K	L	C	U	A	T	T	Z	R	I	P	A	S
G	X	M	B	N	R	A	H	N	Z	Y	W	L	A
Z	D	M	R	J	L	H	G	Q	Y	D	A	R	L
B	L	F	D	S	K	R	V	T	J	D	W	T	M
D	P	L	J	W	F	P	H	B	Y	O	C	V	C
B	A	R	M	H	E	R	Z	I	G	K	E	I	T
S	T	A	B	B	W	A	S	S	E	R	P	A	L

Sandra Sommer: 10-Minuten-Rätsel und -Spiele Religion – 3./4. Klasse
© Auer Verlag

Die 10 Gebote

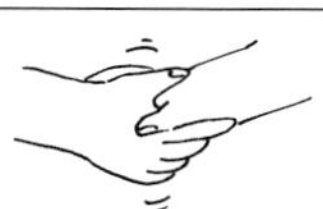

Aufgabe: Trage die richtigen Antworten ein.

Waagrecht:

2.
Gott möchte nicht, dass du anderen etwas wegnimmst. Deshalb heißt ein Gebot: Du sollst nicht ...

4.
Was sieht Moses auf dem Berg brennen?

6.
Nach welchem Land wurde das Volk benannt, welches Moses anführen soll?

Senkrecht:

1.
Aus welchem Land soll Moses das Volk herausführen?

3.
Wer hat die Gebote aufgeschrieben?

5.
Wie nennt Gott den siebten Tag?

Sandra Sommer: 10-Minuten-Rätsel und -Spiele Religion – 3./4. Klasse
© Auer Verlag

2	Gebote-Quiz (1)	

Aufgabe: Finde die richtigen Antworten und kreise den dazugehörigen Buchstaben ein. Richtig geordnet ergeben die Buchstaben ein Lösungswort.

Achtung: Bei einer Frage sind zwei Antworten richtig.

1. Wie lange zogen die Israeliten durch die Wüste?

F	40 Tage
P	40 Wochen
L	40 Monate
G	40 Jahre

2. Auf welchem Berg empfing Moses die 10 Gebote?

A	Acharat
G	Ölberg
Ä	Sinai
B	Tabor

3. Wer wurde Moses' Nachfolger als Führer der Israeliten?

A	Jonathan
S	Noah
N	Josua
E	Aaron

Sandra Sommer: 10-Minuten-Rätsel und -Spiele Religion – 3./4. Klasse
© Auer Verlag

KV

2 Gebote-Quiz (2)

4. Welcher Satz gehört nicht zu den 10 Geboten?

A	Du sollst nicht stehlen.
B	Du sollst nicht falsch gegen deinen Nächsten aussagen.
W	Du sollst Vater und Mutter ehren.
P	Du sollst nicht teilen.

5. Wie kamen die Israeliten auf der Flucht vor den Ägyptern über das Meer?

X	Sie fuhren mit dem Schiff.
E	Sie benutzten eine Brücke.
W	Sie mussten schwimmen.
T	Gott teilte das Meer und Moses führte sie hindurch.

6. In der Wüste hatten die Israeliten großen Hunger. Wie half ihnen Gott?

D	Er schickte sie an einen Ort, an dem sie Nahrung fanden.
Q	Fremde Menschen zogen vorbei und teilten mit ihnen das Essen.
E	Gott schickte Wachteln, die erschöpft auf das Lager fielen.
Y	Gott ließ Brot regnen, das die Israeliten am Morgen auf dem Boden fanden.

Trage hier die Buchstaben ein: ______________________________

Findest du nun das Lösungswort?

___ ___ ___ ___ ___ ___ ___

Sandra Sommer: 10-Minuten-Rätsel und -Spiele Religion – 3./4. Klasse
© Auer Verlag

3	**Mein Name und ich: Eigenschaften**	

Aufgabe: Unser Name ist uns wichtig. Meistens ist der Vorname sogar das erste Wort, das ein Kind schreiben kann.

Schreibe nun zu jedem Buchstaben deines Vornamens eine Eigenschaft auf, die besonders gut zu dir passt.

Beispiel:

M meistens fröhlich

A auch mal faul

R richtig lustig

K kann gut Witze erzählen

U unordentlich

S spielt gerne Computer

Spielidee: Sammelt eure Namensbeschreibungen in einer Schachtel. Jeder zieht eines der Blätter. Lest die Eigenschaften vor, allerdings nicht in der richtigen Reihenfolge. Können die anderen erraten, um wen es sich handelt?

Sandra Sommer: 10-Minuten-Rätsel und -Spiele Religion – 3./4. Klasse
© Auer Verlag

3	**Mein Name und ich: Namensspiel**	

Anleitung: Ihr benötigt ein Bettlaken oder großes Tuch.
Bildet zwei Gruppen und setzt euch so, dass das Tuch in eurer Mitte ist. Auf jeder Seite des Tuches sitzt eine Gruppe.
Zwei Spieler halten nun das Tuch so hoch, dass sich die Gruppen nicht mehr sehen können.
Je ein Mitspieler einer Gruppe setzt sich vor das Tuch.
Das Tuch wird ganz langsam heruntergelassen.
Der Spieler, der zuerst den Namen seines Gegenübers nennen kann, bekommt einen Punkt.
Dann wird das Tuch wieder hochgehalten und die nächsten zwei Spieler kommen dran.
Es dürfen nur die vor dem Tuch sitzenden Spieler den Namen rufen.

Sandra Sommer: 10-Minuten-Rätsel und -Spiele Religion – 3./4. Klasse
© Auer Verlag

4 Blindes Schreiben

Anleitung: Immer zwei Kinder arbeiten zusammen. Ein Kind sitzt am Tisch, das andere steht dahinter. Das sitzende Kind hält einen Stift in der Hand und hat ein Blatt Papier vor sich liegen. Das stehende Kind legt seine Hand auf die schreibende Hand des Mitschülers und schließt die Augen. Der Sitzende beginnt nun, langsam ein Wort zu schreiben. Dieses kann entweder durch Wortkarten der Lehrkraft vorgegeben werden oder auch selbst ausgedacht sein. Das Thema (z. B. „Die 10 Gebote“) sollte aber in jedem Fall vorgegeben werden.
Der „Blinde“ soll nun erraten, welches Wort geschrieben wurde.

Sandra Sommer: 10-Minuten-Rätsel und -Spiele Religion – 3./4. Klasse
© Auer Verlag

5 Einzelgänger-Spiel

Anleitung: Ein oder zwei Kinder werden zum Einzelgänger bestimmt. Sie bekommen einen Schal umgebunden oder eine Kappe aufgesetzt. Alle bewegen sich nun frei im Raum und begrüßen sich mit Handschlag. Sie können sich auch auf die Schulter klopfen oder freundlich miteinander reden. Nur die Einzelgänger werden gemieden. Auf ihre Kontaktversuche darf nicht reagiert werden.

Anmerkung:
Die Einzelgänger-Rolle sollte von jedem Kind einmal besetzt werden. Den Anfang sollten jedoch gut in der Gruppe integrierte Kinder machen, da die „Außenseiter“-Position belastend sein kann.
Besonders wichtig ist die Auswertung im Anschluss. Folgende Fragen können hierbei hilfreich sein:

- Wie fühlten sich die Einzelgänger?
- Wie fühlten sich die anderen beim Ignorieren der Einzelgänger?
- Haben Kinder schon Erfahrungen als Außenseiter oder mit Außenseitern gemacht?
- Wie wollen sie in Zukunft in solchen Situationen reagieren?

Sandra Sommer: 10-Minuten-Rätsel und -Spiele Religion – 3./4. Klasse
© Auer Verlag

6	Die Insel	

Anleitung: Alle Kinder stehen zusammen auf der Insel, die aus einer mit Zeitung ausgelegten Stelle im Klassenraum besteht.
Nach und nach kommt nun die Flut und überschwemmt immer mehr Teile der Insel. Dazu werden von der Zeitung Stücke abgerissen.
Wie lange schaffen es die Kinder, gemeinsam auf der Insel stehenzubleiben, bevor einer nasse Füße bekommt?

Sandra Sommer: 10-Minuten-Rätsel und -Spiele Religion – 3./4. Klasse
© Auer Verlag

1 Apostel: Suchsel

Aufgabe: Im Kasten unten haben sich die Namen aller Apostel versteckt. Finde sie und male sie an.
Schreibe sie anschließend auf.

S	R	J	O	H	A	N	N	E	S	R	T	Z	A	Z	U	M	U	S	L
I	A	F	S	A	S	S	A	S	F	D	F	G	N	H	J	A	K	U	Ö
R	N	H	J	K	L	Ö	Ä	Y	X	C	V	B	D	A	S	T	D	Ä	F
O	D	E	R	J	U	D	A	S	I	S	K	A	R	I	O	T	K	M	F
Z	R	T	Z	U	I	O	P	Ü	A	S	D	F	E	G	H	H	J	O	G
P	E	T	R	U	S	P	H	I	L	I	P	P	U	S	T	Ä	L	L	H
N	A	X	C	V	B	N	M	T	H	O	M	A	S	W	E	U	R	O	J
O	S	U	I	T	H	A	D	D	Ä	U	S	I	O	F	F	S	R	H	K
P	G	H	J	K	L	Ö	Ä	Y	X	B	C	M	N	B	V	C	D	T	L
I	Q	W	E	R	T	G	H	J	K	N	V	C	X	V	G	H	J	R	Ö
S	I	M	O	N	K	A	N	A	N	Ä	U	S	X	C	V	B	N	A	Ö
E	J	A	K	O	B	W	S	R	T	Z	J	A	K	O	B	U	S	B	Ä

- ______________________ • ______________________
- ______________________ • ______________________
- ______________________ • ______________________
- ______________________ • ______________________
- ______________________ • ______________________

- ______________________ • ______________________

Sandra Sommer: 10-Minuten-Rätsel und -Spiele Religion – 3./4. Klasse
© Auer Verlag

1	**Apostel: Geheimschrift**	

Aufgabe: Hinter der Geheimschrift haben sich einige Apostel versteckt.
Finde heraus, wie die Geheimschrift funktioniert, und löse das Rätsel.

1. Tjnpo ____________________
2. Qfusvt ____________________
3. Kpibooft ____________________
4. Kblpc ____________________
5. Qijmjqqvt ____________________

Sandra Sommer: 10-Minuten-Rätsel und -Spiele Religion – 3./4. Klasse
© Auer Verlag

KV

2	Namen-Memory®	

Aufgabe: Klebe die Textkarten auf rote Pappe und die Antwortkarten auf blaue Pappe. Schneide sie dann auseinander.
Suche dir einen Partner und schon kann es losgehen!

Anleitung: Legt die Karten verdeckt auf den Tisch.
Man darf immer eine rote und eine blaue Karte aufdecken. Wenn sie zusammenpassen, darf man sie behalten und ist noch einmal dran. Wenn sie nicht passen, ist dein Mitspieler an der Reihe. Wer am Schluss die meisten Paare hat, ist der Gewinner.

Sie ist die Mutter Gottes.	Er hat Jesus getauft.	Er wurde als Baby in einem Korb im Schilf gefunden.	Er ordnete die Kreuzigung Jesu an.
Er hat Jesus verraten.	Er hat in Bethlehem alle Jungen unter 2 Jahren töten lassen.	Ihr ist Jesus nach der Auferstehung zuerst begegnet.	Er besiegte Goliath.
Er baute eine Arche.	Sie ist Adams Frau.	Er ist der Stammvater des Gottesvolkes.	Er ist Kains Bruder.

Maria	Johannes	Moses	Pontius Pilatus
Judas	Herodes	Maria Magdalena	David
Noah	Eva	Abraham	Abel

Sandra Sommer: 10-Minuten-Rätsel und -Spiele Religion – 3./4. Klasse
© Auer Verlag

3	Geheimschrift	

Aufgabe: Hinter jedem Zeichen der Geheimschrift versteckt sich ein Buchstabe. Entziffere die Geheimschrift und du erfährst, wie David Goliath besiegte.

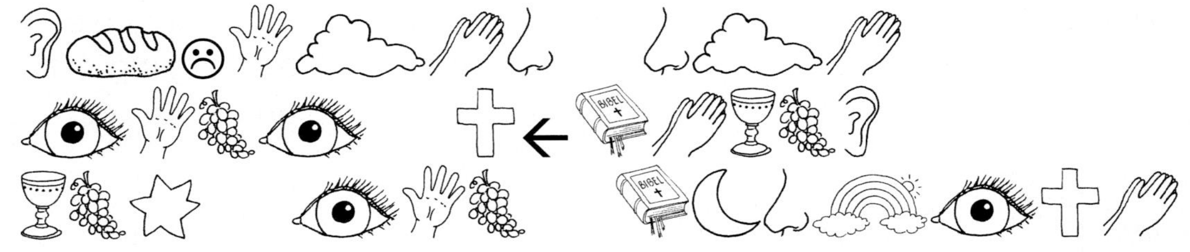

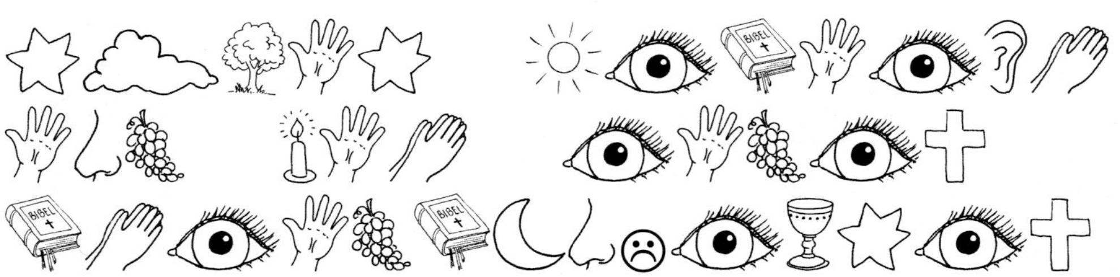

A	B	C	D	E	F	G	H	I	J	K	L	M	N

O	P	Q	R	S	T	U	V	W	X	Y	Z	Ä	Ü	ß

Sandra Sommer: 10-Minuten-Rätsel und -Spiele Religion – 3./4. Klasse
© Auer Verlag

KV

4	**Franz-von-Assisi-Domino**	

Aufgabe: Schneide die Dominokarten aus und lege sie dann in der richtigen Reihenfolge aneinander.

START	Wann wurde Franziskus geboren?

Durch eine schwere Krankheit und einen Traum.	Wer war sein Vorbild?

Er hieß eigentlich Giovanni (Johannes).	Wodurch veränderte sich sein Leben?

In Assisi in Italien.	Wie hieß er richtig?

Im Jahre 1182.	Wo wurde er geboren?

Jesus von Nazareth war sein Vorbild.	Wie heißt der nach ihm benannte Orden?

Er starb im Jahre 1226.	ENDE

Pietro Bernardone und seine Frau Pica.	Wie nannte ihn sein Vater?

Es ist der Orden der Franziskaner.	Wer waren seine Eltern?

Er nannte ihn Francesco.	In welchem Jahr starb Franz von Assisi?

Sandra Sommer: 10-Minuten-Rätsel und -Spiele Religion – 3./4. Klasse
© Auer Verlag

5	**Zachäus: Rollenspiel**	

Die spannende Geschichte von Zachäus und seiner Begegnung mit Jesus und Gott findest du in der Bibel unter Lukas 19,1–10.

Aufgabe: Führt ein Rollenspiel durch.

Folgende Rollen benötigt ihr dazu:
Zachäus
Jesus
ungefähr 5 Zuschauer

Ihr könnt das Rollenspiel in mehreren kleinen Gruppen im Klassenraum verteilt durchführen.

Kreuze anschließend die Aussagen an, die auf dich zutreffen:

- ☐ Ich habe auch schon einmal gelogen.
- ☐ Ich habe auch schon einmal jemanden betrogen.
- ☐ Ich habe schon einmal einen Freund enttäuscht.
- ☐ Ich habe schon einmal eine Freundschaft kaputt gemacht.

- ☐ Ich finde es gut, dass Jesus zu Zachäus gegangen ist.

  Warum? ________________________________

- ☐ Ich finde es nicht gut, dass Jesus zu Zachäus gegangen ist.

  Warum? ________________________________

- ☐ Ich hätte mich bestimmt auch beschwert, wie die anderen Menschen.

  Warum? ________________________________

Sandra Sommer: 10-Minuten-Rätsel und -Spiele Religion – 3./4. Klasse
© Auer Verlag

6	**Wer bin ich? (1)**	

Anleitung: Die Hinweise werden nacheinander vorgelesen.
Errät man die Person beim 1. Hinweis, bekommt man 1 Punkt, beim 2. Hinweis 2 Punkte, beim 3. Hinweis 3 Punkte und so weiter.
Achtung: Wer die wenigsten Punkte hat, gewinnt.

WER BIN ICH? **1**

1. Hinweis: Ich lebe in Nazaret.
2. Hinweis: Im Neuen Testament wird über mein Leben erzählt.
3. Hinweis: Man verehrt mich heute noch.
4. Hinweis: Mein Mann heißt Josef.
5. Hinweis: Ich bin sehr stolz auf meinen Sohn.

Ich bin Maria.

WER BIN ICH? **2**

1. Hinweis: Ich bin Statthalter der Provinz Judäa.
2. Hinweis: Ich bin ein Römer.
3. Hinweis: Ich habe Jesus gefragt, ob er der König der Juden sei.
4. Hinweis: Ich habe Barabbas freigelassen.
5. Hinweis: Ich habe die Kreuzigung Jesu angeordnet.

Ich bin Pilatus.

WER BIN ICH? **3**

1. Hinweis: Ich bin Zimmermann von Beruf.
2. Hinweis: Ich habe mich um arme Menschen gekümmert.
3. Hinweis: In einem Buch wird mein Leben beschrieben.
4. Hinweis: Ich habe viele Anhänger, aber auch einige Feinde.
5. Hinweis: Meine Mutter heißt Maria.

Ich bin Jesus.

Sandra Sommer: 10-Minuten-Rätsel und -Spiele Religion – 3./4. Klasse
© Auer Verlag

6 Wer bin ich? (2)

WER BIN ICH? **4**

1. Hinweis: Ich bin ein Jünger Jesu.
2. Hinweis: Jesus bezeichnet mich als Freund.
3. Hinweis: Mein zweiter Name ist Iskariot.
4. Hinweis: Ich habe mit den Römern ein Geschäft gemacht.
5. Hinweis: Ich habe Jesus verraten.

Ich bin Judas.

WER BIN ICH? **5**

1. Hinweis: Ich bin viele Jahre durch die Wüste gewandert.
2. Hinweis: Ich bin in Ägypten geboren.
3. Hinweis: Im Alten Testament spiele ich eine große Rolle.
4. Hinweis: Ich habe einen brennenden Dornbusch gesehen.
5. Hinweis: Ich habe die 10 Gebote erhalten.

Ich bin Moses.

WER BIN ICH? **6**

1. Hinweis: Ich spiele eine Rolle im Alten Testament.
2. Hinweis: Ich bin ein gerechter Mann und lebe ohne Tadel.
3. Hinweis: Gott hat einen Bund mit mir geschlossen.
4. Hinweis: Ich habe etwas Großes aus Holz gebaut.
5. Hinweis: Ich habe von jedem Lebewesen zwei gesucht.

Ich bin Noah.

WER BIN ICH? **7**

1. Hinweis: Gott gab mir das Land Kanaan.
2. Hinweis: Gott hat einen Bund mit mir geschlossen.
3. Hinweis: Ich bin der Stammvater vieler Völker.
4. Hinweis: Meine Frau heißt Sara.
5. Hinweis: Ich bin Isaaks Vater.

Ich bin Abraham.

Sandra Sommer: 10-Minuten-Rätsel und -Spiele Religion – 3./4. Klasse
© Auer Verlag

1	Fastenzeit (1)	

In den vierzig Tagen vor Ostern fasten viele Gläubige.
Eigentlich geht es beim Fasten nicht nur darum, kaum zu essen, sondern die Botschaft „Ich verzichte, damit andere mehr haben“ zu leben.

Auch ihr könnt auf etwas verzichten, damit ein anderer Mensch mehr hat. Das kann der Nachtisch oder Schokolade sein, aber auch ein geliebtes Spielzeug, das ihr eurem kleinen Bruder ausleiht.

Aufgabe 1: Schreibt auf, welche Ideen euch für die Fastenzeit einfallen.
Jeder nimmt dazu einen kleinen Zettel und schreibt eine Idee auf.
Sammelt die Zettel in einer Schachtel.
Anschließend kann jeder einen Zettel ziehen. Ihr dürft auch untereinander tauschen, bis jeder eine Idee hat, die zu ihm passt.
Nun müsst ihr diese Idee nur noch in die Tat umsetzen.

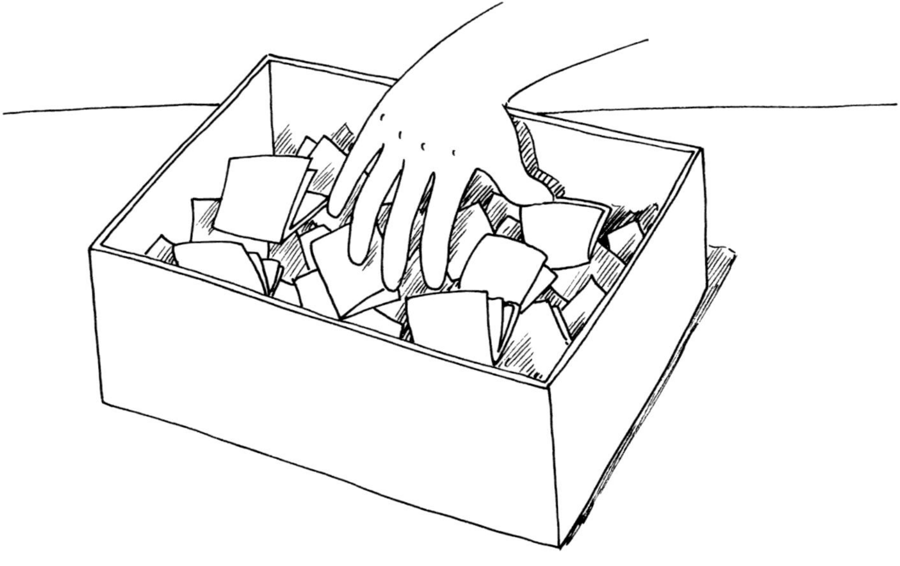

Sandra Sommer: 10-Minuten-Rätsel und -Spiele Religion – 3./4. Klasse
© Auer Verlag

1	**Fastenzeit (2)**	

Aufgabe 2: Streiche durch, worauf du verzichten könntest.
Kreise ein, worauf du auf keinen Fall verzichten könntest.

Handy *Telefon*
Schmuck
Schokolade
Freundschaft *Markenpullover*
Mountainbike **Geburtstagsgeschenke**
Bücher Heizung *Strom*
Familie Computer
Internet **Playstation**

Sprecht in der Klasse über eure Ergebnisse.

Sandra Sommer: 10-Minuten-Rätsel und -Spiele Religion – 3./4. Klasse
© Auer Verlag

KV

2	**Ostern: Steine rollen**	

Ostern ist ein Fest der Freude, denn Jesus ist auferstanden.
Maria von Magdala kam an das Grab, um Jesus zu salben.
Damals wurden Gräber oft mit Steinen verschlossen.
Sie sah, dass der große Stein nicht mehr vor der Öffnung lag.
Und einen solch schweren Stein wegzurollen, ist gar nicht so einfach.

Aufgabe: Besprecht in der Klasse, wie der Stein weggerollt worden sein könnte.

Probiert nun aus, ob ihr es schafft, einen „Stein“ zu rollen:
Drei Kinder setzen sich ganz nah aneinander. Ihr könnt euch fest mit den Händen umarmen, damit ihr einen schweren Stein bildet.
Ein Freiwilliger kann nun probieren, den „Stein“ zur Seite zu rollen.
Wer schafft es?

Sandra Sommer: 10-Minuten-Rätsel und -Spiele Religion – 3./4. Klasse
© Auer Verlag

2 Ostern: Das Steinspiel

Anleitung: Es treten immer zwei Kinder gegeneinander an.
Jeder von euch bekommt zwei Steine.
Legt beide einen Stein auf die Startlinie.

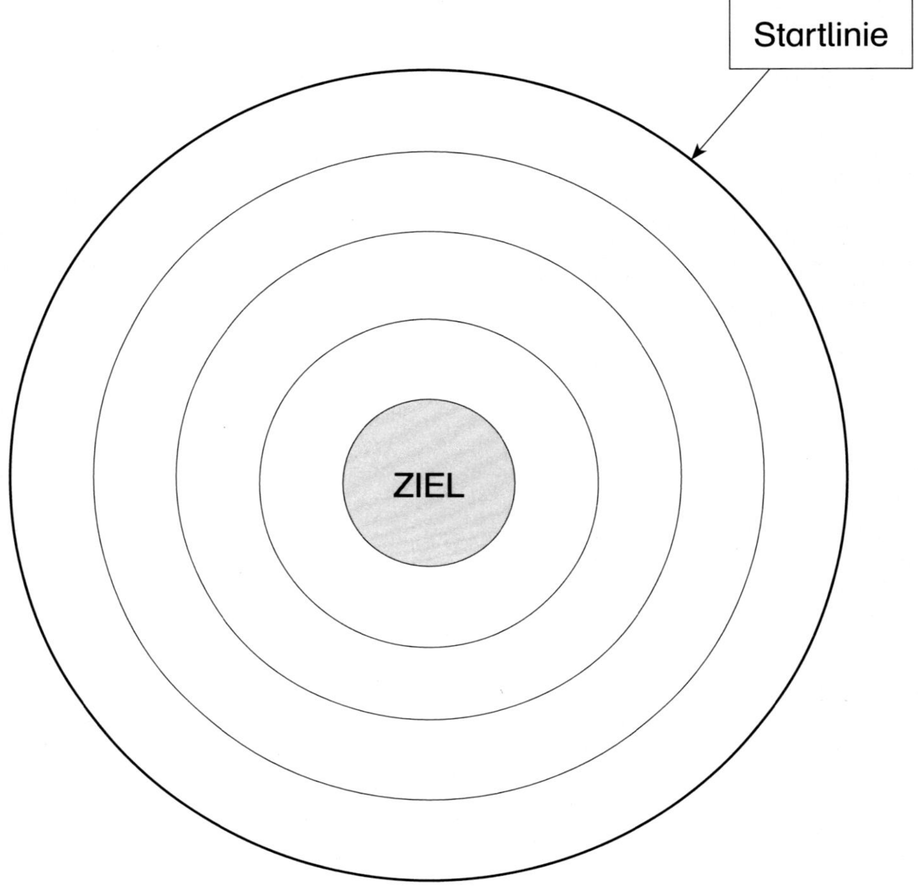

Der erste Spieler muss nun erraten, in welcher Hand der zweite Spieler seinen Stein hält. Rät er richtig, darf er seinen Stein auf die nächste Linie schieben.
Dann ist der zweite Spieler dran.
Wer zuerst das Ziel erreicht, hat gewonnen.

Sandra Sommer: 10-Minuten-Rätsel und -Spiele Religion – 3./4. Klasse
© Auer Verlag

3	# Pfingsten: Memory®	

Jesus hat sein Versprechen gehalten und die Jünger mit dem Heiligen Geist erfüllt. Sie sollten das Wort Gottes predigen in allen Sprachen der Erde.

Aufgabe: Kennst du auch die Sprachen der Menschen, die auf dieser Erde leben?

Im Memory® lernst du einige kennen.
Überlegt zu zweit oder zu dritt, welche Karten zusammenpassen, schneidet sie aus und spielt das Spiel.

Καλημέρα! (kalimera)	Buon giorno!	こんにちは (konitschiwa)	God dag!
¡Buenos días!	Bon jour!	Добрый день! (dobry djen)	Merhaba!
Italienisch	Griechisch	Japanisch	Schwedisch
Französisch	Türkisch	Spanisch	Russisch

Sandra Sommer: 10-Minuten-Rätsel und -Spiele Religion – 3./4. Klasse
© Auer Verlag

3 Pfingsten: Lückentext

Aufgabe 1: Lies nach in der Apostelgeschichte 2,1 und setze die richtigen Wörter in die Lücken ein.

Und als der ______________________ gekommen war, befanden sich alle am ____________________ Ort. Da kam plötzlich vom ____________________ her ein ________________ und erfüllte das ganze ____________________, in dem sie waren. Und es erschienen ihnen ____________________ wie von ________________________, die sich verteilten; auf jeden von ihnen ließ sich eine nieder. Alle wurden mit dem ______________________________ erfüllt und begannen, in fremden __________________________ zu reden, wie es der Geist ihnen eingab.

Aufgabe 2: Male, wie du dir diese Situation vorstellst.

Sandra Sommer: 10-Minuten-Rätsel und -Spiele Religion – 3./4. Klasse
© Auer Verlag

4 Erntedank-Spiele (1)

Namen legen

Anleitung: Die Kinder sollen aus Früchten Bibelnamen legen und die anderen Kinder erraten lassen, z. B.
MOSE = Mohrrübe, Orange, Salat, Erdbeere.
Buchstaben, zu denen es keine Frucht gibt, können durch bereitgelegte Kärtchen ersetzt werden.

Früchte sammeln

Anleitung: Früchte werden im Klassenraum verteilt. Es treten mehrere Kinder gegeneinander an. Zunächst werden sie mit einem Sammelgefäß und einem Löffel ausgestattet. Dann läuft die Zeit. Wer schafft es in zwei Minuten, die meisten Früchte zu sammeln?
Anschließend werden die Früchte natürlich gewaschen und gegessen!

Früchte mit den Sinnen erkennen

Anleitung: Einem Kind werden die Augen verbunden. Es soll nun verschiedene mitgebrachte Früchte betasten, riechen oder schmecken. Dieses Spiel kann man eventuell auch in Paaren durchführen lassen.

Sandra Sommer: 10-Minuten-Rätsel und -Spiele Religion – 3./4. Klasse
© Auer Verlag

4	Erntedank-Spiele (2)	

Erntedank-ABC

Aufgabe: Schreibe zu jedem Buchstaben ein Nahrungsmittel auf, das geerntet werden kann. Gibt es keine Frucht, die mit dem Buchstaben beginnt, so kann der Buchstabe auch im Wortinnern vorkommen.

A Apfel, Ananas, ____________________

B ____________________

C ____________________

D ____________________

E ____________________

F ____________________

G ____________________

H ____________________

Sandra Sommer: 10-Minuten-Rätsel und -Spiele Religion – 3./4. Klasse
© Auer Verlag

4	Erntedank-Spiele (3)	

I ________________________________

J ________________________________

K ________________________________

L ________________________________

M ________________________________

N ________________________________

O ________________________________

P ________________________________

Q ________________________________

Sandra Sommer: 10-Minuten-Rätsel und -Spiele Religion – 3./4. Klasse
© Auer Verlag

4	Erntedank-Spiele (4)	

R ______________________

S ______________________

T ______________________

U ______________________

V ______________________

W ______________________

X ______________________

Y ______________________

Z ______________________

Sandra Sommer: 10-Minuten-Rätsel und -Spiele Religion – 3./4. Klasse
© Auer Verlag

5	Adventszeit: Rätsel	

Aufgabe: Kreuze die richtigen Antworten an und finde so das Lösungswort.

1. „Advent" bedeutet
   - B Ankunft.
   - S Warten.
   - J Kerze.

2. Die vier Kerzen stehen für
   - T die vier Könige.
   - A die vier Sonntage vor Weihnachten.
   - E die vier Tiere im Stall.

3. Adventskalender gibt es
   - E schon immer.
   - U seit etwa 150 Jahren.
   - S seit Jesus gestorben ist.

4. Die Kerzen sollen
   - L den Raum hell machen, weil es früher noch keinen Strom gab.
   - M ein Symbol für Jesus, das Licht, sein.
   - A grün sein.

Male hier das Lösungswort:

Das Lösungswort heißt ____ ____ ____ ____.

Sandra Sommer: 10-Minuten-Rätsel und -Spiele Religion – 3./4. Klasse
© Auer Verlag

5	Adventszeit: Kartenspiel (1)	

Aufgabe: Beklebt die Kärtchen mit verschiedenen Weihnachtspapieren oder Weihnachtsgeschenkpapierresten. Zwei Karten sollten immer gleich sein.
Auf eine weitere Karte klebt ihr den Stern, der zuvor gelb oder golden angemalt wird.

Anleitung: Die Karten werden gemischt und an die Mitspieler (mindestens drei) verteilt.
Abwechselnd zieht jeder von seinem Nachbarn eine Karte. Solltet ihr ein Pärchen haben, so wird es abgelegt.
Gewonnen hat der Spieler, der am Schluss die Sternkarte hat.

Sandra Sommer: 10-Minuten-Rätsel und -Spiele Religion – 3./4. Klasse
© Auer Verlag

Adventszeit: Kartenspiel (2)

Blanko-Karten

Sandra Sommer: 10-Minuten-Rätsel und -Spiele Religion – 3./4. Klasse
© Auer Verlag

6	Weihnachten: Activity® (1)	

Aufgabe: Die Klasse wird in zwei Gruppen eingeteilt. Immer abwechselnd darf eine Gruppe einen Spieler nach vorne schicken. Dieser muss eine Karte ziehen und einen Begriff malen, erklären oder vormachen. Die Gruppe, die den Begriff zuerst errät, bekommt einen Punkt.

Diese Symbole zeigen dir, was du tun sollst:

→ bedeutet, du sollst den Begriff an der Tafel malen, ohne zu sprechen.

→ bedeutet, du sollst den Begriff erklären, ohne ihn zu sagen.

→ bedeutet, du sollst den Begriff vormachen, ohne zu sprechen.

Sandra Sommer: 10-Minuten-Rätsel und -Spiele Religion – 3./4. Klasse
© Auer Verlag

6 Weihnachten: Activity® (2)

	Schneeflocke
	Geschenk
	Weihnachtsbaum
	Kugel
	Lametta
	Jesu Geburt
	Stall
	Stern

Sandra Sommer: 10-Minuten-Rätsel und -Spiele Religion – 3./4. Klasse
© Auer Verlag

6 Weihnachten: Activity® (3)

	Schlitten fahren
	Geschenk einpacken
	Weihnachtsbaum schmücken
	zu Abend essen
	beten
	Schafe hüten
	basteln
	Bild malen

Sandra Sommer: 10-Minuten-Rätsel und -Spiele Religion – 3./4. Klasse
© Auer Verlag

6	**Weihnachten: Activity® (4)**	

	Engel
	Bescherung
	Geschenk auspacken
	sich freuen
	Gottesdienst
	Glocke
	Stern
	Bethlehem

Sandra Sommer: 10-Minuten-Rätsel und -Spiele Religion – 3./4. Klasse
© Auer Verlag

1	Das Vaterunser (1)	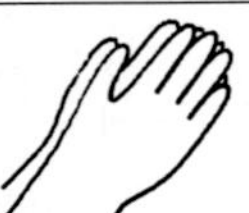

Aufgabe 1: Hoppla, das Vaterunser ist ja völlig durcheinandergeraten!
Schneide die Streifen aus und klebe sie in der richtigen Reihenfolge auf.

Geheiligt werde dein Name.
Dein Wille geschehe,
Denn dein ist das Reich
Und die Kraft
Dein Reich komme.
Und die Herrlichkeit
Wie auch wir vergeben unseren Schuldigern.
Unser tägliches Brot gib uns heute.
Wie im Himmel, so auf Erden.
In Ewigkeit.
Und führe uns nicht in Versuchung,
Und vergib uns unsere Schuld,
Sondern erlöse uns von dem Bösen.
Vater unser im Himmel,
AMEN

Sandra Sommer: 10-Minuten-Rätsel und -Spiele Religion – 3./4. Klasse
© Auer Verlag

1	Das Vaterunser (2)	

Aufgabe 2: Du brauchst ein Blatt und Stifte,
etwas Brot und
einen kleinen Zettel.
Lies das Vaterunser und führe die Aufträge aus.

> Vater unser im Himmel, geheiligt werde dein Name.
> Dein Reich komme.
> Dein Wille geschehe,
> wie im Himmel so auf Erden.

Male auf das Blatt den Himmel und die Erde.

> Unser tägliches Brot gib uns heute.

Iss das Stück Brot ganz bewusst.
Lies dir dabei den nächsten Abschnitt durch.

> Und vergib uns unsere Schuld,
> wie auch wir vergeben unseren Schuldigern.
> Und führe uns nicht in Versuchung,
> sondern erlöse uns von dem Bösen.

Nimm den kleinen Zettel und schreibe etwas darauf, was Gott dir vergeben soll.

> Denn dein ist das Reich und die Kraft
> und die Herrlichkeit in Ewigkeit,
> Amen.

Male nun auf das Blatt mit Himmel und Erde etwas, das du am schönsten an Gottes Schöpfung findest.

Sandra Sommer: 10-Minuten-Rätsel und -Spiele Religion – 3./4. Klasse
© Auer Verlag

2	**Das Glaubensbekenntnis**	

Aufgabe: Hier siehst du das Glaubensbekenntnis. Aber was ist denn da los? Das kann man ja gar nicht richtig lesen!
Schaffst du trotzdem, es zu entziffern?
Schreibe die richtigen Wörter unten auf.

Ich glaube an retaV ned ttoG,
den negithcämllA,
den retföhcS des slemmiH und der edrE.
Und an Jesus Christus,
seinen nenerobegnie Sohn, unseren Herrn,
negnafpme durch den Heiligen Geist,
nerobeg von der Jungfrau airaM,
gelitten unter Pontius Pilatus,
gekreuzigt, nebrotseg und begraben,
hinabgestiegen in das Reich des Todes,
am dritten Tage nednatsrefua von den Toten,
aufgefahren in den Himmel;
er sitzt zur Rechten settoG,
des negithcämlla Vaters;
von dort wird er kommen,
zu richten die nednebeL und die Toten.
Ich ebualg an den Heiligen Geist,
die heilige katholische (christliche) ehcriK,
Gemeinschaft der Heiligen,
Vergebung der Sünden,
gnuhetsrefuA des Toten
und das ewiges Leben.
nemA

Sandra Sommer: 10-Minuten-Rätsel und -Spiele Religion – 3./4. Klasse
© Auer Verlag

3	**Würfelspiel**	

Aufgabe: Suche dir einen oder mehrere Mitspieler. Beginnt bei Start. Würfelt abwechselnd immer einmal und rückt eure Spielfigur um die entsprechende Anzahl an Felder vor. Wenn ihr auf einem runden Feld landet, müsst ihr zwei Felder zurückgehen. Auf den Fragefeldern müsst ihr die Frage beantworten. Viel Spaß!

START

1

2

3

4

5

6 – Nenne mindestens drei der 10 Gebote. Wenn du es schaffst, darfst du noch einmal würfeln.

7

8 – Wie heißt das heilige Buch der Christen?

9

10

11

12

13

14 – Nenne mindestens drei Apostel. Für jeden richtigen Namen darfst du ein Feld vorrücken.

15

16

17

18

19 – Wie lauten die Personen der Dreifaltigkeit?

20

21

22

23

24

25

26

27 – Nenne ein wichtiges Gebet.

28

29

30

31 – Wen oder was darf Noah mit auf seine Arche nehmen?

32

33

34

35

36

ZIEL

Sandra Sommer: 10-Minuten-Rätsel und -Spiele Religion – 3./4. Klasse
© Auer Verlag

4	**Wissensquiz**	

Anleitung: Die Schüler stellen sich in zwei Reihen gegenüber.
Die Lehrkraft stellt Fragen zu einem behandelten Thema. Der Spieler, der zuerst die richtige Antwort nennt, darf einen Schritt auf seinen Partner zugehen.
Die Partner, die sich zuerst treffen, sind Sieger.

Fragen zum Thema „Gemeinsamer Glaube" könnten sein:

- Was bedeutet Ökumene?
- Nenne drei Gemeinsamkeiten der evangelischen und katholischen Kirche.
- Nenne einen Unterschied beider Kirchen.
- Nenne drei christliche Feste.

Sandra Sommer: 10-Minuten-Rätsel und -Spiele Religion – 3./4. Klasse
© Auer Verlag

5 Unser Glaube: TABU® (1)

Anleitung: Die Kärtchen werden ausgeschnitten.
Das oben stehende Wort soll beschrieben werden, ohne dabei die anderen Wörter auf der Karte zu benutzen.

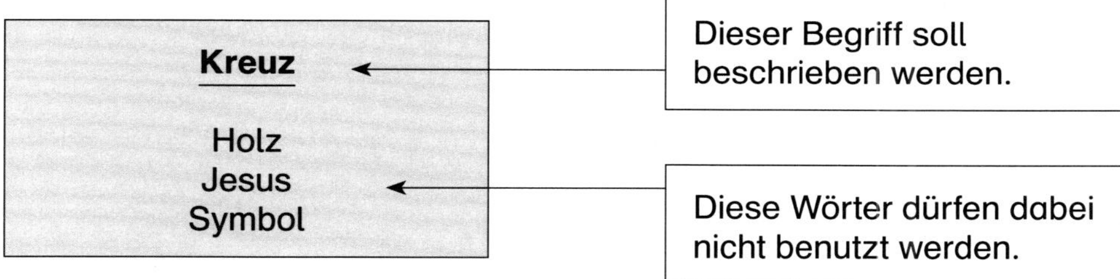

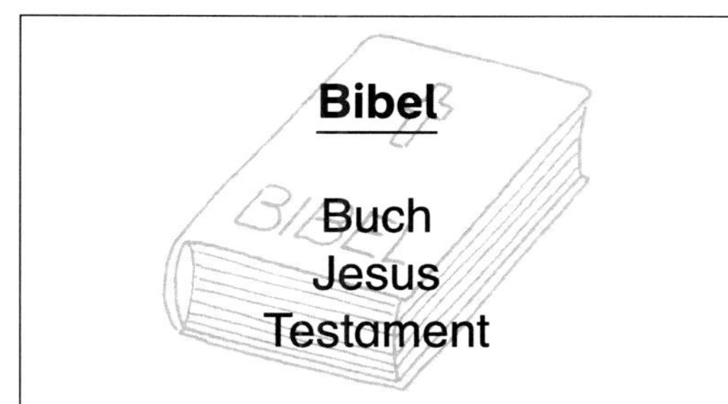

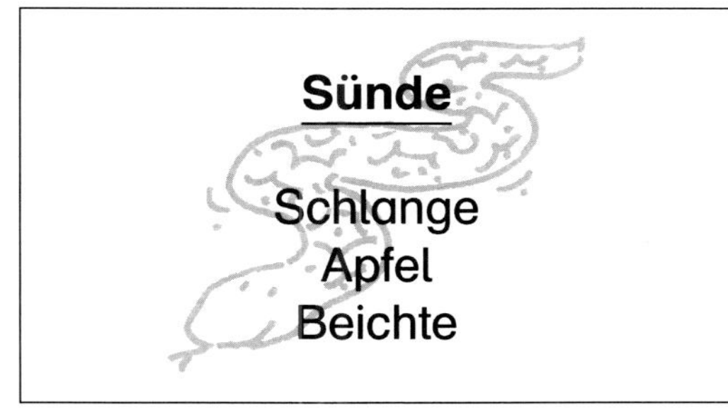

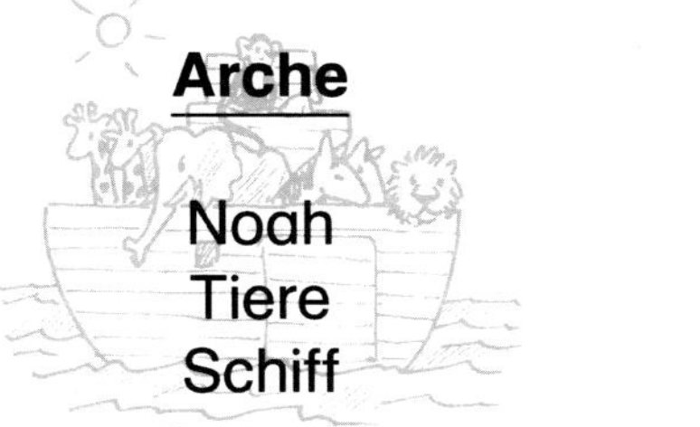

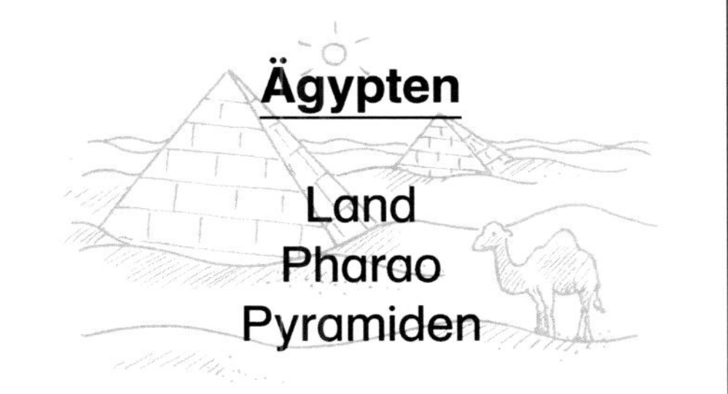

Sandra Sommer: 10-Minuten-Rätsel und -Spiele Religion – 3./4. Klasse
© Auer Verlag

5 Unser Glaube: TABU® (2)

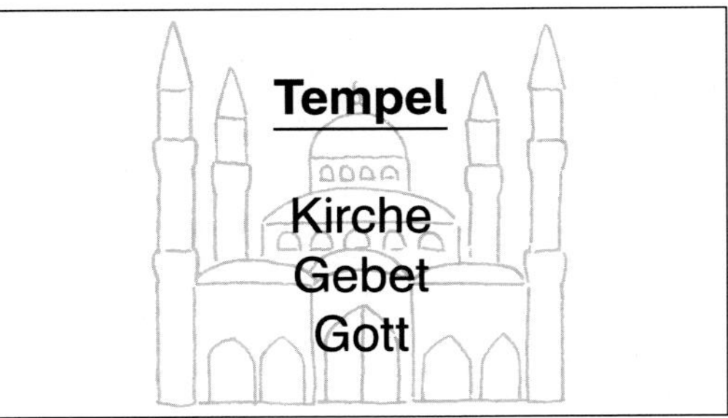

Tempel

Kirche
Gebet
Gott

Gabriel

Engel
Geburt
Jesus

Maria

Mutter
Jesus
Jungfrau

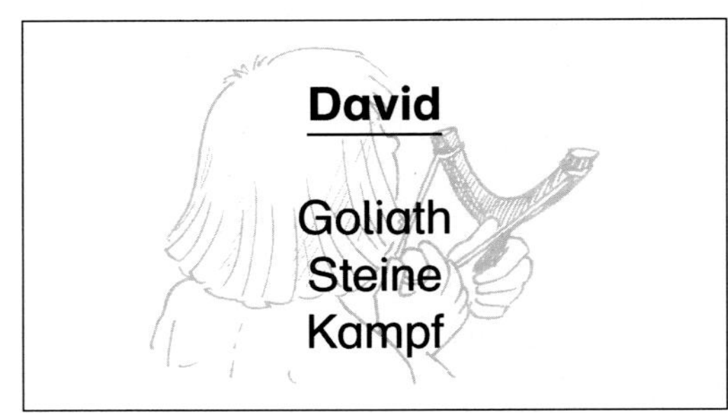

David

Goliath
Steine
Kampf

Johannes

Täufer
Elisabeth
Jünger

Jesus

Sohn Gottes
Maria
Bethlehem

Hirte

Herde
Engel
Bethlehem

Jünger

Jesus
Anhänger
Heilung

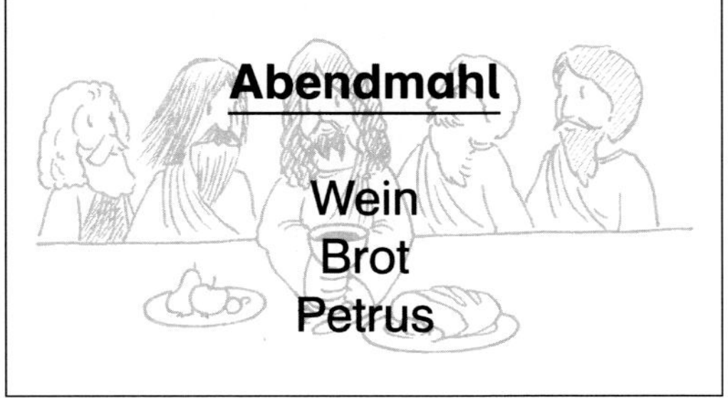

Abendmahl

Wein
Brot
Petrus

Auferstehung

dritter Tag
Grab
Engel

Sandra Sommer: 10-Minuten-Rätsel und -Spiele Religion – 3./4. Klasse
© Auer Verlag

6	**Zusammenhalt (1)**	

Stummes Verstehen

Anleitung: Versucht, folgende Aufgaben zu erfüllen, jedoch <u>ohne dabei zu sprechen</u>.
Noch schwieriger ist es, wenn ihr euch dabei die Augen verbindet.

a) Stellt euch der Größe nach geordnet auf.
b) Ordnet euch in Gruppen, je nach Lieblingstier (Denkt daran: nicht sprechen!).
c) Ordnet euch in Gruppen, je nach Wohnort.
d) Ordnet euch nach dem Alphabet.

Gordischer Knoten

Anleitung: Stellt euch nah beieinander auf. Schließt die Augen und sucht euch zwei Hände, die ihr festhaltet. Öffnet nun die Augen und versucht, euch zu entwirren, ohne die Hände loszulassen.

Sandra Sommer: 10-Minuten-Rätsel und -Spiele Religion – 3./4. Klasse
© Auer Verlag

6	Zusammenhalt (2)	

Gemeinsam glauben bedeutet auch, den anderen zu tolerieren und trotz Unterschieden zusammenzuhalten.

Reise nach Bethlehem

Anleitung: Jedes Kind bekommt eine Teppichfliese und stellt sich darauf. Nun wird Musik gespielt und ihr bewegt euch im Raum. Sobald die Musik stoppt, stellt sich jedes Kind auf eine Teppichfliese. Im nächsten Durchgang wird eine Fliese weggenommen. Beim nächsten Stopp stellen sich wieder alle auf eine Fliese – egal, ob sie frei ist oder schon ein Kind dort steht.
So wird es nach und nach voller auf den Fliesen.
Helft einander, damit keiner von der Fliese fällt. Das Spiel ist vorbei, wenn eine Gruppe sich nicht mehr auf der Fliese halten kann.

Sandra Sommer: 10-Minuten-Rätsel und -Spiele Religion – 3./4. Klasse
© Auer Verlag

1 Bilderrätsel

Aufgabe: Löse die Bilderrätsel.
Male alle Wörter gelb, die zum Christentum gehören,
alle Wörter blau, die zum Judentum gehören.
Die Wörter, die zu beiden passen, malst du grün.

B + 

G = B

___ ___ ___ ___ ___

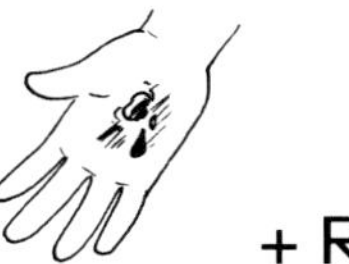 + R

___ ___ ___ ___ ___ ___

Ü = O + A

___ ___ ___ ___

E = B + I

___ ___ ___ ___ ___

L = BB

___ ___ ___ ___ ___ ___

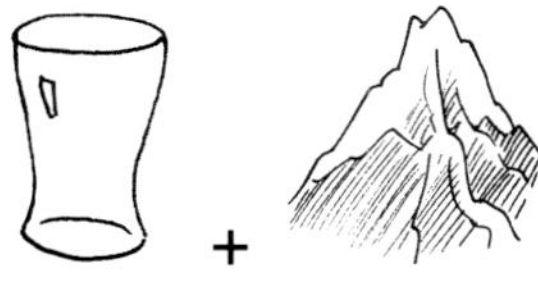

S = U ~~R~~ ~~G~~

___ ___ ___ ___ ___ ___

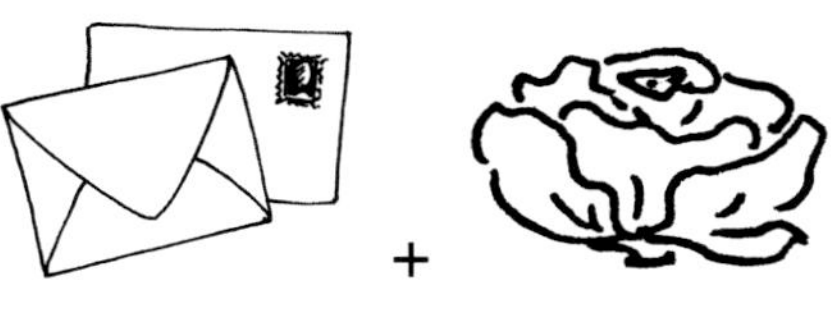

O = E ~~T~~ ~~L~~ ~~A~~ ~~T~~ + CH

___ ___ ___ ___ ___ ___ ___

~~S~~

___ ___ ___ ___ ___ ___

Sandra Sommer: 10-Minuten-Rätsel und -Spiele Religion – 3./4. Klasse
© Auer Verlag

2	**Judentum: Memory®**	

Aufgabe: Schneide die Karten aus und spiele mit einem Partner das Memory®.

Wie heißt das jüdische Gebetshaus?	Synagoge	Wie nennen die Juden die ersten fünf Bücher der Bibel?	Tora
Womit beginnt das Fest Pessach?	Sederabend	Woran erinnert das Fest Pessach?	Auszug aus Ägypten
In welcher Sprache ist die Tora geschrieben?	Hebräisch	Wie muss das Brot sein, das beim Pessach-Fest gegessen wird?	ungesäuert
Im Judentum heißt der Pfarrer so.	Rabbiner	Die Torarolle wird hier aufbewahrt.	Toraschrein

Sandra Sommer: 10-Minuten-Rätsel und -Spiele Religion – 3./4. Klasse
© Auer Verlag

3 Islam-Bingo (1)

Anleitung: Die Bingo-Karten werden ausgeschnitten und ausgeteilt. Die Fragen werden vorgelesen und jeder, der die richtige Antwort auf seiner Karte stehen hat, legt ein Bingo-Kärtchen auf das entsprechende Feld. Wer als Erster eine Reihe voll hat, ist der Gewinner.

Bingo-Karten:

Mohammed	Maria	5-mal
Allah	Ramadan	Moschee
Säulen	beten	waschen

Ramadan	Sonnen-aufgang	Mohammed
Mekka	NT	Goliath
waschen	Maria	Johannes

David	Mekka	Maria
Allah	Mohammed	Ramadan
Ägypten	5-mal	Arche

Arche	Engel	waschen
Stern	Noah	Mekka
Ramadan	Sonnen-untergang	Mohammed

Moses	Judas	12
Allah	Ramadan	Sonnen-untergang
Säulen	Sonnen-aufgang	waschen

12	Johannes	Mohammed
Arche	5-mal	Sonnen-aufgang
Sonnen-untergang	Grab	Allah

Sandra Sommer: 10-Minuten-Rätsel und -Spiele Religion – 3./4. Klasse
© Auer Verlag

3 Islam-Bingo (2)

Blanko-Karten:

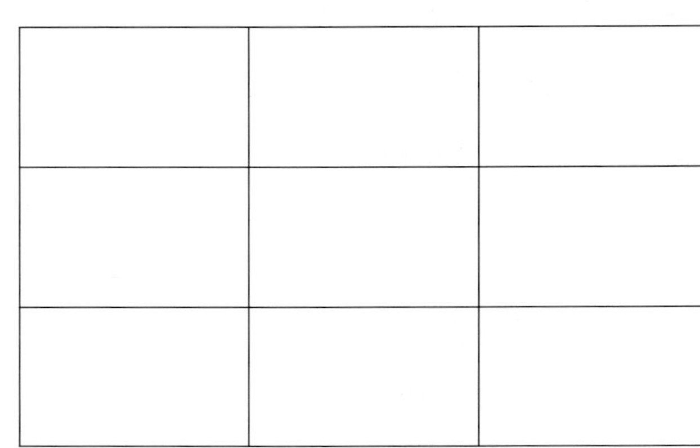

Mögliche Fragen zu den Karten:

- Wie heißt der islamische Prophet?
- So nennt man Gott im Islam.
- Es gibt fünf Dinge, die ein Muslim tun soll. Man nennt sie auch die fünf ______________________.
- Wie oft beten Muslime täglich?
- Sie beten in Richtung ______________.
- Der neunte Monat im islamischen Kalender heißt so.
- Das Fasten beginnt zu diesem Zeitpunkt.
- Das Fasten endet zu diesem Zeitpunkt.
- Vor dem Gebet soll sich der Muslim ______________.
- …

Sandra Sommer: 10-Minuten-Rätsel und -Spiele Religion – 3./4. Klasse
© Auer Verlag

4 Purzelwörter

Aufgabe: Findest du heraus, welche Wörter hier durcheinandergepurzelt sind? Verbinde die Wörter anschließend mit der passenden Glaubensrichtung.

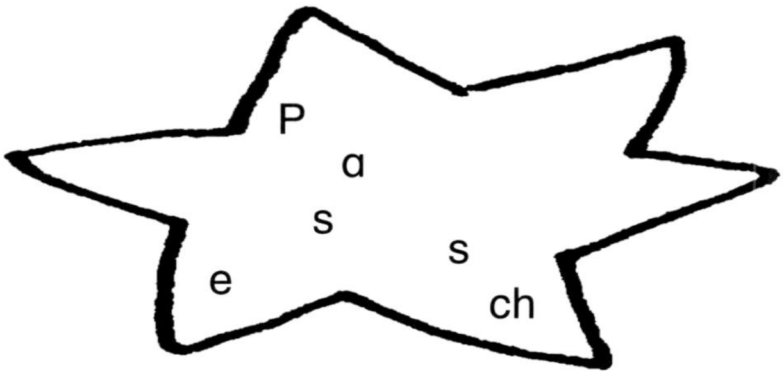

P a s s e ch

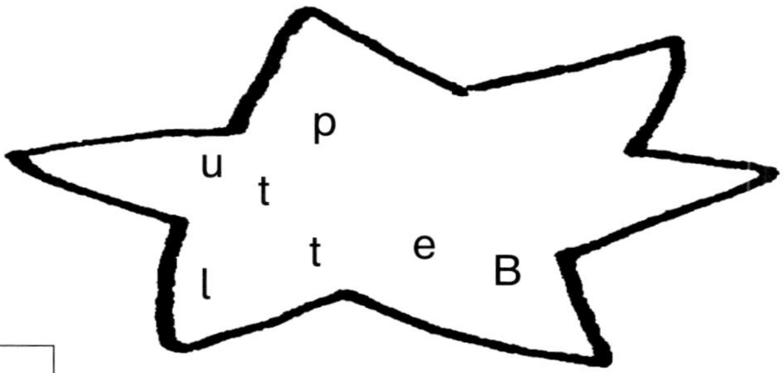

p u t t e l B

ISLAM

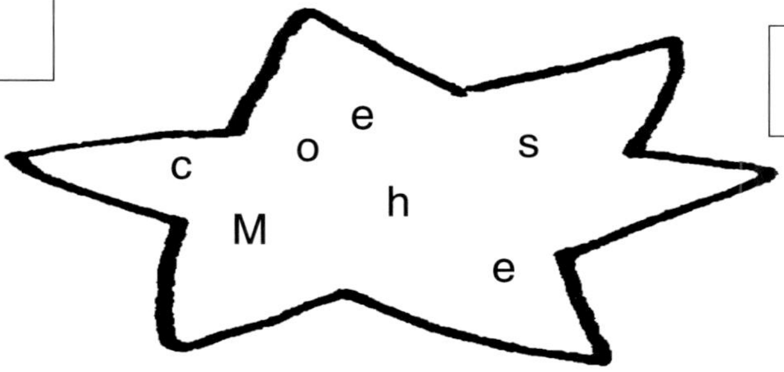

JUDENTUM

e c o s M h e

a n o K r

r a l A t

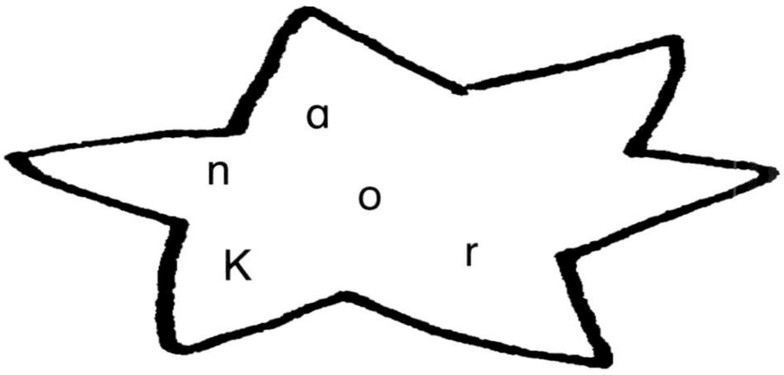

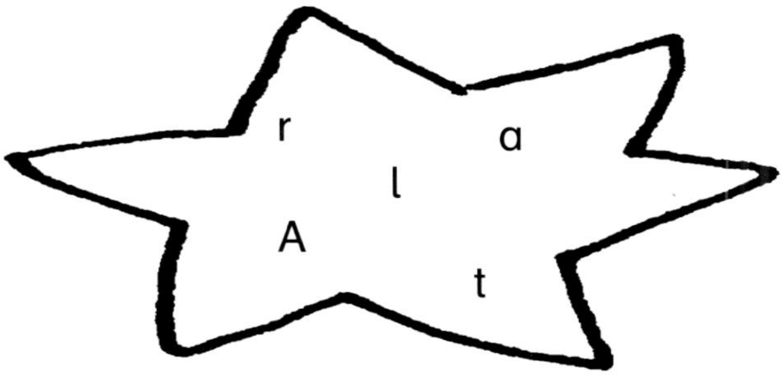

CHRISTENTUM

Sandra Sommer: 10-Minuten-Rätsel und -Spiele Religion – 3./4. Klasse
© Auer Verlag

5	**Religionenlauf**	

Anleitung: Im Klassenraum werden drei Karten aufgehängt. Auf ihnen steht „Judentum", „Christentum" und „Islam". Es werden nun Begriffe genannt oder Sätze gesagt, die diesen Glaubensrichtungen zugeordnet werden sollen. Die Schüler laufen zu der entsprechenden Karte, wenn sie der Meinung sind, dass der genannte Begriff hierhin gehört.

Mögliche Begriffe/Aussagen:

Die Anhänger dieser Religion dürfen am Sabbat nicht arbeiten.	Die Gläubigen gehen in die Kirche.
Die Gläubigen gehen in die Synagoge.	Die Anhänger dieser Religion lesen im Koran.
Die Gläubigen beten in Richtung Mekka.	Die Gläubigen essen ungesäuertes Brot.
Bevor gebetet wird, müssen sich die Gläubigen nach bestimmten Regeln waschen.	Die Menschen hören dem Rabbiner zu.
Der Gründer dieser Religion heißt Mohammed.	Die Gläubigen glauben an Jesus Christus.
Die Gläubigen beten in einer Moschee.	Ein Monat im Kalender dieser Gläubigen heißt Ramadan.

Sandra Sommer: 10-Minuten-Rätsel und -Spiele Religion – 3./4. Klasse
© Auer Verlag

6	Die Weltreligionen: Suchsel	

Aufgabe: Finde im Suchsel die fünf Weltreligionen.
Male sie an und schreibe sie anschließend auf die Linien.

S	R	J	O	T	A	N	N	E	F	R	T	Z	A	Z	U	M	U	B	L
I	G	F	B	U	D	D	H	I	S	M	U	S	N	I	J	A	K	A	O
B	G	H	J	K	L	Ö	I	Y	X	C	V	B	D	A	S	T	D	R	F
O	W	E	R	J	T	D	N	S	I	N	K	A	T	I	O	L	K	H	F
N	R	T	Z	U	I	O	D	M	A	S	D	F	E	G	H	H	A	H	G
P	H	E	L	I	R	J	U	D	E	N	T	U	M	R	T	Ä	L	M	H
R	Y	X	C	V	B	T	I	T	H	O	J	A	S	W	E	U	R	L	J
T	Z	U	I	T	N	A	S	D	F	U	S	B	O	F	F	S	R	Z	K
R	G	H	J	R	L	Ö	M	Y	X	B	C	M	N	B	V	C	D	M	L
G	Q	W	E	R	T	G	U	J	K	N	V	C	X	V	G	H	J	K	Ö
S	I	H	O	B	Z	A	S	A	G	N	J	S	X	C	V	B	N	U	Ö
E	J	A	C	H	R	I	S	T	E	N	T	U	M	K	R	B	K	S	L

___

___

___

___

Sandra Sommer: 10-Minuten-Rätsel und -Spiele Religion – 3./4. Klasse
© Auer Verlag

Lösungen

Das Buch der Bücher

Bibelstellenrätsel **Seite 8**

Lösungssatz: Gottes Erde ist wunderbar

Biblische Orte gesucht **Seite 11**

Bethlehem, See Gennesaret, Babel, Jericho

Gleichnisse: Durcheinander **Seite 12**

Die Felder eines reichen Mannes ließen eine gute Ernte erwarten. Daher überlegte er, was er mit dem Ertrag machen sollte.

Wenn einer von euch 100 Schafe hat und eins davon verliert, lässt er dann nicht die anderen 99 in der Steppe zurück und geht dem verlorenen nach, bis er es findet?

Schließlich sagte er: „Ich werde meine Scheune abreißen und eine größere Scheune bauen. Da kann ich alles unterbringen und mich ausruhen.

Und wenn er es gefunden hat, nimmt er es voll Freude auf die Schultern und wenn er nach Hause kommt, ruft er seine Freunde und Nachbarn zusammen und sagt zu ihnen:

Ich werde essen und trinken und es mir richtig gut gehen lassen, denn die Vorräte reichen für Jahre.“
Da sprach Gott zu ihm: „Du Narr! In dieser Nacht noch wird dein Leben von dir zurückgefordert.

„Freut euch mit mir; ich habe mein Schaf wiedergefunden, das verloren war.“

Ich sage euch, ebenso wird auch im Himmel mehr Freude herrschen über einen einzigen Sünder, der umkehrt, als über 99 Gerechte, die es nicht nötig haben umzukehren.

Wem wird dann all das gehören, was du angehäuft hast?“ – So geht es jedem, der nur für sich selbst Schätze sammelt, aber vor Gott nicht reich ist.

Gleichnisse: Das Gleichnis vom barmherzigen Vater **Seite 13**

Lösung: Barmherzigkeit

Psalm 23: Suchsel **Seite 16**

D	H	H	I	R	T	E	U	S	H	S	R	Y	R
I	A	N	N	C	H	I	N	E	E	J	R	Z	I
R	X	V	C	S	P	X	S	E	U	E	Z	E	B
A	M	L	I	H	N	U	K	C	L	A	L	A	Q
W	Q	C	B	D	W	C	T	H	H	E	S	E	P
L	N	L	I	E	Y	R	J	X	E	V	U	L	M
I	F	Q	X	I	G	I	H	V	R	X	I	T	P
Z	K	L	C	U	A	T	T	Z	R	I	P	A	S
G	X	M	B	N	R	A	H	N	Z	Y	W	L	A
Z	D	M	R	J	L	H	G	Q	Y	D	A	R	L
B	L	F	D	S	K	R	V	T	J	D	W	T	M
D	P	L	J	W	F	P	H	B	Y	O	C	V	C
B	A	R	M	H	E	R	Z	I	G	K	E	I	T
S	T	A	B	B	W	A	S	S	E	R	P	A	L

Zusammenleben ermöglichen

Die 10 Gebote **Seite 17**

Gebote-Quiz **Seite 18**

1 G
2 Ä
3 N
4 P
5 T
6 E und Y

Lösungswort: Ägypten

Menschen begegnen Gott

Apostel: Suchsel

Seite 25

S	R	J	O	H	A	N	N	E	S	R	T	Z	A	Z	U	M	U	S	L
I	A	F	S	A	S	S	A	S	F	D	F	G	N	H	J	A	K	U	Ö
R	N	H	J	K	L	Ö	Ä	Y	X	C	V	B	D	A	S	T	D	Ä	F
O	D	E	R	J	U	D	A	S	I	S	K	A	R	I	O	T	K	M	F
Z	R	T	Z	U	I	O	P	Ü	A	S	D	F	E	G	H	H	J	O	G
P	E	T	R	U	S	P	H	I	L	I	P	P	U	S	T	Ä	L	L	H
N	A	X	C	V	B	N	M	T	H	O	M	A	S	W	E	U	R	O	J
O	S	U	I	T	H	A	D	D	Ä	U	S	I	O	F	F	S	R	H	K
P	G	H	J	K	L	Ö	Ä	Y	X	B	C	M	N	B	V	C	D	T	L
I	Q	W	E	R	T	G	H	J	K	N	V	C	X	V	G	H	J	R	Ö
S	I	M	O	N	K	A	N	A	N	Ä	U	S	X	C	V	B	N	A	Ö
E	J	A	K	O	B	W	S	R	T	Z	J	A	K	O	B	U	S	B	Ä

Apostel: Geheimschrift

Seite 26

1. Simon
2. Petrus
3. Johannes
4. Jakob
5. Philippus

Die einzelnen Buchstaben sollen ersetzt werden durch den, der jeweils im Alphabet davorsteht.

Namen-Memory®

Seite 27

Sie ist die Mutter Gottes.	Er hat Jesus getauft.	Er wurde als Baby in einem Korb im Schilf gefunden.	Er ordnete die Kreuzigung Jesu an.
Maria	Johannes	Moses	Pontius Pilatus

Er hat Jesus verraten.	Er hat in Bethlehem alle Jungen unter 2 Jahren töten lassen.	Ihr ist Jesus nach der Auferstehung zuerst begegnet.	Er besiegte Goliath.
Judas	Herodes	Maria Magdalena	David

Er baute eine Arche.	Sie ist Adams Frau.	Er ist der Stammvater des Gottesvolkes.	Er ist Kains Bruder.
Noah	Eva	Abraham	Abel

Geheimschrift **Seite 28**

David ist klein und kämpft ohne Schwert.
Goliath hat eine Rüstung und ein Schwert.
Er ist groß und lacht David aus.
David besiegt ihn mit einer Steinschleuder.

Franz-von-Assisi-Domino **Seite 29**

START	Wann wurde Franziskus geboren?	Im Jahre 1182.	Wo wurde er geboren?
In Assisi in Italien.	Wie hieß er richtig?	Er hieß eigentlich Giovanni (Johannes).	Wodurch veränderte sich sein leben?
Durch eine schwere Krank-heit und einen Traum.	Wer war sein Vorbild?	Jesus von Nazareth war sein Vorbild.	Wie heißt der nach ihm be-nannte Orden?
Es ist der Orden der Franziskaner.	Wer waren seine Eltern?	Pietro Bernardone und seine Frau Pica.	Wie nannte ihn sein Vater?
Er nannte ihn Francesco.	In welchem Jahr starb Franz von Assisi?	Er starb im Jahre 1226.	ENDE

Christen feiern Feste

Pfingsten: Memory® **Seite 37**

Καλημέρα! (kalimera)	Griechisch	こんにちは (konitschiwa)	Japanisch
¡Buenos días!	Spanisch	Добрый день! (dobry djen)	Russisch
Buon giorno!	Italienisch	God dag!	Schwedisch
Merhaba!	Türkisch	Bon jour!	Französisch

Pfingsten: Lückentext Seite 38

Und als der ___Pfingsttag___ gekommen war, befanden sich alle am ___gleichen___ Ort. Da kam plötzlich vom ___Himmel___ her ein ___Brausen___ und erfüllte das ganze ___Haus___, in dem sie waren. Und es erschienen ihnen ___Zungen___ wie von ___Feuer___, die sich verteilten; auf jeden von ihnen ließ sich eine nieder. Alle wurden mit dem ___Heiligen Geist___ erfüllt und begannen, in fremden ___Sprachen___ zu reden, wie es der Geist ihnen eingab.

Erntedank-Spiele (2) (3) (4) Seite 40

Beispiele für das ABC: Apfel, Banane, Clementine, Dattel, Erdbeere, Feige, Grapefruit, Himbeere, Ingwer, Johannisbeere, Kirsche, Limette, Mango, Nuss, Orange, Pfirsich, Quitte, Rotkohl, Stachelbeere, Trauben, Ugli (Zitrusfrucht), V (Avocado), Wassermelone, X (Cox Orange, Apfelsorte), Y (Physalis), Zitrone

Adventszeit-Rätsel Seite 43

Lösungswort: Baum

Gemeinsamer Glaube

Das Vaterunser Seite 50

Vater unser im Himmel,
Geheiligt werde dein Name.
Dein Reich komme.
Dein Wille geschehe,
Wie im Himmel, so auf Erden.
Unser tägliches Brot gib uns heute.
Und vergib uns unsere Schuld,
Wie auch wir vergeben unseren Schuldigern.
Und führe uns nicht in Versuchung,
Sondern erlöse uns von dem Bösen.
Denn dein ist das Reich
Und die Kraft
Und die Herrlichkeit
In Ewigkeit.
AMEN

Das Glaubensbekenntnis **Seite 52**

Ich glaube an Gott
den Vater, den Allmächtigen,
den Schöpfer des Himmels und der Erde.
Und an Jesus Christus,
seinen eingeborenen Sohn, unseren Herrn,
empfangen durch den Heiligen Geist,
geboren von der Jungfrau Maria,
gelitten unter Pontius Pilatus,
gekreuzigt, gestorben und begraben,
hinabgestiegen in das Reich des Todes,
am dritten Tage auferstanden von den Toten,
aufgefahren in den Himmel;
er sitzt zur Rechten Gottes,
des allmächtigen Vaters;
von dort wird er kommen,
zu richten die Lebenden und die Toten.
Ich glaube an den Heiligen Geist,
die heilige katholische (christliche) Kirche,
Gemeinschaft der Heiligen,
Vergebung der Sünden,
Auferstehung des Toten
und das ewiges Leben.
Amen

Würfelspiel **Seite 53**

Feld 6: Du sollst nicht lügen, Du sollst nicht stehlen etc.
Feld 8: Bibel
Feld 14: Judas, Petrus, Thomas etc.
Feld 19: Vater, Sohn und Heiliger Geist
Feld 27: Vaterunser, Glaubensbekenntnis, Ave Maria etc.
Feld 31: von jedem Tier zwei seiner Art

Andere Glaubensrichtungen

Bilderrätsel **Seite 59**

Bibel (gelb), Wunder (grün),
Tora (blau), Rabbi (blau),
Sabbat (blau), Glaube (grün),
Pessach (blau), Kirche (gelb)

Islam-Bingo **Seite 61**

Wie heißt der islamische Prophet? → Mohammed
So nennt man Gott im Islam. → Allah
Es gibt fünf Dinge, die ein Muslim tun soll. Man nennt sie auch die fünf → Säulen
Wie oft beten Muslime täglich? → 5-mal
Sie beten in Richtung → Mekka
Der neunte Monat im islamischen Kalender heißt so. → Ramadan
Das Fasten beginnt zu diesem Zeitpunkt. → Sonnenaufgang
Das Fasten endet zu diesem Zeitpunkt. → Sonnenuntergang
Vor dem Gebet soll sich der Muslim → waschen

Purzelwörter **Seite 63**

Islam: Moschee, Koran
Judentum: Pessach, Betpult
Christentum: Altar

Die Weltreligionen: Suchsel **Seite 65**

S	R	J	O	T	A	N	N	E	F	R	T	Z	A	Z	U	M	U	B	L
I	G	F	B	U	D	D	H	I	S	M	U	S	N	I	J	A	K	A	O
B	G	H	J	K	L	Ö	I	Y	X	C	V	B	D	A	S	T	D	R	F
O	W	E	R	J	T	D	N	S	I	N	K	A	T	I	O	L	K	H	F
N	R	T	Z	U	I	O	D	M	A	S	D	F	E	G	H	H	A	H	G
P	H	E	L	I	R	J	U	D	E	N	T	U	M	R	T	Ä	L	M	H
R	Y	X	C	V	B	T	I	T	H	O	J	A	S	W	E	U	R	L	J
T	Z	U	I	T	N	A	S	D	F	U	S	B	O	F	F	S	R	Z	K
R	G	H	J	R	L	Ö	M	Y	X	B	C	M	N	B	V	C	D	M	L
G	Q	W	E	R	T	G	U	J	K	N	V	C	X	V	G	H	J	K	Ö
S	I	H	O	B	Z	A	S	A	G	N	J	S	X	C	V	B	N	U	Ö
E	J	A	C	H	R	I	S	T	E	N	T	U	M	K	R	B	K	S	L